AF309825

COPPIE
DVNE LETTRE
ENVOYEE D'ANGLETERRE
au Semimaire des Anglois
à Douay.

Par vn Preſtre qui auoit eſté autrefois de leur Compagnie.

Contenant l'Hiſtoire du Martyre de quatre autres Preſtres, de meſme College, leſquels ont eſté condamnez & mis à mort en Angleterre en ceſte preſente année 1616. pour auoir eſté recogneuz Preſtres.

Traduicte du Latin en François, Par le Sieur D. D.

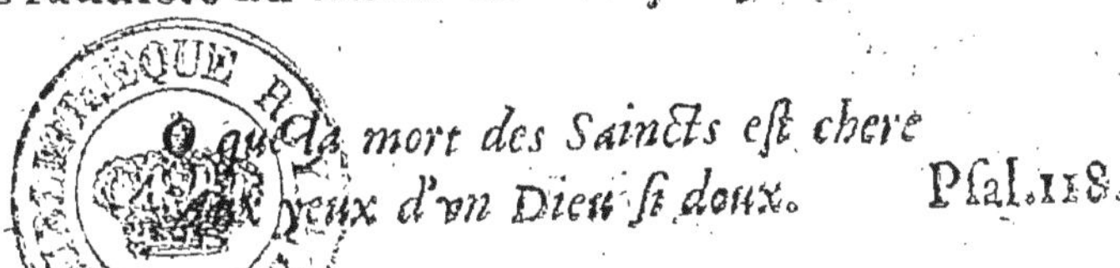

Iouxte la coppie Imprimée.

A DOVAY,

Chez PIERRE AVROY, au Pelican d'Or 1616.

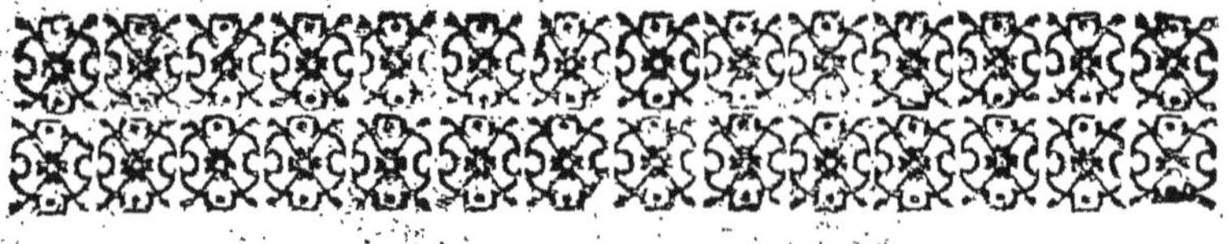

COPPIE D'VNE LETTRE

enuoyée d'Angleterre au Seminaire des Anglois à Douay, par vn Pre-stre qui auoit esté autrefois de leur compagnie: Contenant l'Histoire du Martyre de quatre autres Prestres du mesme College, lesquels ont esté con-damnez & mis à mort en Angleterre en cette presente année 1616. pour auoir esté recogneuz Prestres.

ES tres-chers Freres,

Si ie vous nomme Martyrs designez, ie le feray apres Tertullian qui autre-fois à la naissance de l'Eglise, a qualifié de ce nom ceux qui vous ont precedé: Et si i'appelle vostre College vn seminaire de Martyrs, personne, comme ie croy, ne me blasmera d'auoir rien dit de mal à propos, puis qu'il a esté fondé non pour four-nir de Pasteurs à quelque Diocese, qui est le but des autres seminaires, mais pour remplir l'Eglise & le Ciel mesmes de Martyrs. Car il est certain que vo-stre College (ne parlant point pour le present de ceux qui ont esté pieusement fondez & à Rome, &

en Eſpagne) a enuoyé au Ciel par la voye du Martyre enuiron cent huict belles ames, & ce en l'eſpace
de peu plus ou moins de quarante ans, à compter
depuis l'ã 1577. auquel Cuthbert Maine le premier
martyr qui ſoit ſorty des ſeminaires receut la couronne du martyre. Lequel priuilege & grace eſt ſi
particuliere à voſtre Congregatiõ, qu'à peine pour-
ra-t'on trouuer en toute la Chreſtienté vn ſeul autre
ſemrnaire qui en ayt eſté fauorizé. Ce que ie dis, nõ
pour vous donner occaſiõ de vous glorifier en vous
meſme, mais en noſtre bon Dieu, qui fournit aux
hommes des forces ſi grãdes, ny que pour cela vous
deuiez penſer que ce vous ſoit aſſez d'heur d'auoir
des Predeceſſeurs ſi glorieux, mais afin que vous
vous efforciéz de vous rendre dignes ſucceſſeurs
de tels perſonnages, en imitant leurs vertus & en-
ſuyuãt leurs exemples. A quoy iuſques à ceſte heure
vous auez treſ-bien ſatisfait. Car on voit que la longue & durè perſecution (par laquelle l'ennemy ca-
pital de voſtre ſalut s'eſt efforcé de ruiner tout à fait
voſtre memoire) ne vous à point tant rabatu le courage que l'experience ne nous faſſe cognoiſtre tous
les ans que vous eſtes doüez de la meſme force &
du zele pareil à celuy de vos Deuanciers, eſtãt choſe
toute conſtante, qu'à peine ſe paſſe t'il vne année en
laquelle voſtre College comme pour tribut annuel
ne paye & ne decore l'Egliſe de Dieu d'vn ou pluſieurs Martyrs, ſans compter vn grand nombre de
Preſtres de rare picté, dont les vns trauaillent à bon
eſcient en la vigne du Seigneur plantée en ces quartiers, cherchans à gaigner les ames au grand & eui-
dent peril de leur vie, & les autres ſouffrent coura-
geuſement les priſons & les liens pour la confeſſion

de la foy Catholique.

Ceste annee mesme & encore en quatre ou cinq
mois de temps, quatre des voſtres ſont alléz à Dieu
par la voye du martyre, tous quatre Preſtres tres-
uertueux, de ſainĉte vie, & tres-dignes de voſtre cõpagnie Thomas Maxfeild, Thomas Atkinſon, Iean
Thulis, Thomas Tunſtal. Ie les appelle des voſtres
pource qu'encore que Iean Thulis ayt eſté fait Preſtre à Rome, ſi eſt-ce neantmoins qu'ayãt eſté nourry & eſleué en voſtre maiſon lors qu'elle eſtoit tráſ-
ferée à Rheims en France, où eſtudiát en Theologie
il ſe mit aux ordres mineurs, il y fut abreuué de cet
eſprit de vertu & Pieté, qui montant à veuë d'œil
iuſques au comble de la perfeĉtiõ, ſembloit eſgaller
en merite la dignité du martyre. Pour les trois autres dreſſez qu'ils furent de voſtre main, & rendus
hommes parfaits & accomplis en toutes vertus,
ayants eſté promeuz à la dignité ſacro-ſainĉte de
Preſtriſe, & enuoyez par le ſuperieur de voſtre College en ceſte moiſſon, ils ont par vne fin glorieuſe apporté vn grand luſtre & hõneur à celle qui les auoit
eſleué & qui leur tenoit lieu de mere, c'eſt à dire à
voſtre Seminaire.

Ie vous enuoye donc (Mes treſ-chers freres) vn
vray & authentique narré de toutes les particulari-
tez du martyre d'vn chacun d'eux, afin que vous
qui eſtes par de là ayez part à la conſolation que
nous auons auec plaiſir reſſentie en leur conſtance
(foible & imbecille à la verité en ſoy-meſme, cõme
parle S. Cyprian au liure du double Martyre: mais
tres-forte & inuincible en Ieſus Chriſt). Et afin auſſi
que toute la Chreſtienté s'eſioüiſſe auec no⁹ en leur
glorieuſe ſortie de ce monde, laquelle tout ainſi

qu'elle a esté precieuse deuant Dieu, ainsi a t'elle causé en tous les Catholiques vn ardant courage de souffrir toutes les persecutions & les plus grandes rigueurs pour la deffence de la foy Catholique, & a ietté en l'esprit des Heretiques vn estonnement, & sur leur visage la honte de voir en ces personnages vne resolution inuincible & sans crainte, & vne telle contenance à souffrir toute sorte de peines. Mais pour ne vous arrester plus long-temps en cet auant-propos, ie commenceray à vous faire le discours de ce qui est arriué en la mort de Thomas Maxfeild qui estoit il n'y a guere de vos compagnons, duquel nous aurós assez de subject de vous entretenir pour auoir esté presents à sa mort & spectateurs de son combat.

LA VIE ET MARTYRE
de Thomas Maxfeild Preſtre.

HOMAS Maxfeild (qui autrefois par-my nous eſtoit ſeulemēt appellé Feild.) eſtoit de la Comté de Staafford, iſſu de tres-antienne & noble maiſon, & nay d'vn pere Catholique, lequel eſtant homme de ſignalée pieté, & qui ſuiuoit de fort pres en ſa vie la couſtume & ſeueritédes mœurs antiques auoit acquis grande reputation pour auoir ſouffert patiemmēt les incōmoditez & miſeres d'vne lōgue priſon ſoubz deux Roys, la perte de tous ſes biens, & en fin la ſentence de mort pour la confeſſion de la foy Catholique. Celuy donc duquel nous eſcriuons eſt nay en priſon, au temps que ſes pére & mere y eſtoient detenuz, afin que cette meſme priſon qui rendoit vn témoignage à la foy des parens, inſpiraſt au fils la vie & l'ame digne d'eſtre vn iour offerte pour la meſme Confeſſion de foy, & que celuy qui naiſſoit deſtiné aux combats de la foy, fuſt dez le premier commencement de ſa vie exercé & dreſſé à la diſcipline de cette guerre, par les pauuretez & ſaletez d'vne priſon, comme s'il n'euſt pas deu gou-ſter & ſuccer le tetin de ſa nourrice, que premiere-ment par la ſouffrance des trauaux du Martyre, il ne s'enrollaſt au nombre des veritables Martyrs.

Il auoit puiſé en la maiſon de ſon pere ceſte pieté

& zele de la foy, auec les preceptes & enseignemés pour former vne vie tres-vertueuse, lesquels ont dù depuis esclaté par toutes les actions de sa vie, auec vn grãd fruict & edification du prochain. Or apres auoir esté tellement quellemét imbu aux plus grossiers principes & premiers rudiments des lettres, d'autant que personne ne peut passer plus auant ny aller aux vniuersitez du païs, qu'en mesme temps il ne fasse naufrage de la foy, & ne s'abreuue du venin furieux de l'heresie, il alla à Doüay en Flandres, Academie tres-florissante en toutes sortes de sciences & de vertus.

Là au College de nostre Nation, noble & fameux Seminaire de plusieurs Martyrs de IESVS-CHRIST, il paracheua son cours en Philosophie & puis continua ses estudes de Theologie enuiron deux ans. Mais estant trauaillé d'vne longue & fascheuse maladie, il fut contraint de discontinuer pour retoùrner en Angleterre, à fin de recouurer ses forces presqué perdues, & se tirer de ceste indisposition à la faueur de l'air du Païs. Nous auons veu cela souuent à nostre grand regret, de jeunes gens de bel esprit pédant qu'ils cherchoient les moyens de recouurer leur santé & reprendre leurs forces, estre pris & enlacez dans les filets des vices par le repos & la relasche de leurs exercices, par la compagnie de leurs pareils & les banquets & autres semblables passetemps, qui sont autant de douces flamméches d'où s'allume ce feu de concupiscence, de sorte que s'ils ne se sont entierement perdus, du moins ont ils couru grand risque du salut de leur ame. Mais cétuy-cy dõt nous parlons s'est tousiours montré si fort de courage, & tellement nay & disposé à la vertu, & doüé d'vne telle

telle continence, que les flatteuses amorces des vo-
luptez, lesquelles naissent auec nous, n'ôt peu assou-
pir sa vertu, ny le ieune aage qu'il auoit, lequel se laisse facilement aller aux débauches des autres, n'a peu
faire broncher sa constance ny la diuersité de forces
choses plaisantes, qui emportent nos sens, ne la peu
détourner en aucune façon de la maniere de viure
qu'il auoit commencée, ny de la vertu qui luy estoit
tournée en habitude. Doncques côme il eust recou-
uert sa santé il delibera de ceste sorte en soy-mesme
que la premiere chose qu'il luy falloit faire & qui luy
importoit le plus, estoit, de reprendre le cours de ses
estudes qu'il auoit interrompu, & les côjoindre plus
que jamais à la vertu. C'est pourquoy estant retour-
né auec vous autres, il paracheua ce qui restoit du
cours de Theologie, auquel temps ayant esté promeu aux saincts Ordres, il fut destiné, suiuât la coustume du College, & enuoyé pour trauailler en cette vigne. Aussi tost qu'il eust pris terre à Londres il
s'en alla droit à la prison appellée en langue du païs
The-gate-house, comme qui diroit, maison de la
porte, à fin d'y visiter vn Prestre son intime amy,
qui y estoit prisonnier. Et ce fut en ce lieu là qu'il
dict la Messe pour la premiere fois en Angleterre.
Il faut dire que la Prouidence Diuine en auoit
ainsi disposé, ne voulant & ne permettant pas
qu'il commençast autre part la charge & function Apostolique qu'au lieu mesme où il deuoit
estre estroittement gardé pour la legation de IESVS-
CHRIST à luy commise, & dôt en fin il deuoit estre
tiré pour estre infailliblement mené à la mort & au
couronnement tres-glorieux de sa vie. Et de fait, à
peine auoit-il trauaillé l'espace de trois mois en la

B

vigne du Seigneur, qu'au propre iour de la feste de
la Touſſaincts iuſtement apres qu'il euſt acheué la
ſainᶜte Meſſe, les Porſuiuáts & ſatellites de ces faux
Eueſques le ſaiſiſſent au corps & l'arrachét de l'Autel par force & auec violence, deuant lequel pro-
ſterné il rendoit les actions de graces à D ɪ ᴇ ᴠ, & le
vont mener & preſenter à leurs Maiſtres.

Les faux Eueſques l'interrogent ſur les articles
ſuiuants : Où il auoit receu la dignité & caractere
de Preſtriſe : De ce que contre les loix du Royaume
& expreſſes inhibitiõs il auoit auſé retourner en Angleterre apres ſ'eſtre fait Preſtre : En fin ils luy font
quelques queſtions touchant le ſerment de fidelité
pretenduë. Le ſainᶜt homme reſpondit auec vne
grande conſtance de courage, aduoüa ingenuëmét
qu'il auoit receu les ſacrez Ordres ſuiuant la façon
& couſtume de l'Egliſe Catholique, dit meſmes,
parlant auec vne grande liberté, que ç'auoit eſté par
la puiſſance deriuée du ſouuerain Pontife, & que de
la meſme authorité pourueu des commiſſions de ſa
Sainᶜteté il auroit paſſé en Angleterre, non à autre
deſſein que pour entretenir & auancer les Catholiques à toute ſorte de vertus, & ramener à l'vnité &
cõmunion de l'Egliſe ceux qui s'en eſtoient ſeparez :
En quoy il n'auroit penſé faire rien cõtre l'authorité
& puiſſance Ciuile, veu qu'il n'y a aucunes Loix, E-
dicts ou Ordonnances de Princes qui abrogent ou
deffendent la legitime Miſſion des Preſtres eſtablie
par le ſouuerain Legiſlateur Ieſus-Chriſt. Et quãt eſt
du ſerment de la Pretendüe Fidelité il declara haut
& clair qu'il n'y pouuoit entendre, ains le deteſtoit
& abhorroit, d'autant qu'il contenoit beaucoup de
choſes contraires à la foy, leſquelles perſonne ne

pouuoit iurer sans peril euidēt du salut de son ame.
Qu'au reste il estoit prest dè rendre tres-volontiers
au Roy, l'obeissance deüe à tous les Princes Chre-
stiens, en ce qu'i regarde le Temporel , & qui con-
cerne les choses purement Ciuiles : Mais cette responce ne satisfit pas entierement, ou pour mieux
dire, ne contenta pas la passion de ceux qui veulent
soubz-mettre absolument les clefs de l'Eglise aux
sceptres des Rois. Gens qui par vne ruse malicieuse
font semblant d'estre fort ialoux de la fidelité &
obeissance deuë aux Princes, & ont à to ut propos
ces noms à la bouche & à la plume pour authoriser
leurs intentions, & par vn pretexte si plausible &
specieux, faire alloüer pour bō & iuste tout ce qu'ils
font & conspirent contre la Maiesté inuiolable de
l'Eglise.

Ils font donc mettre le sainct Prestre de Iesus-
Christ en la prison de *Vvestmester*, appellée vulgai
remena *The-gate-house*, où estant continuellement
en prieres, il auoit vn soin perpetuel d'entretenir la
paix & concorde Chrestienne entre tous, & par le
frequent vsage & pratique ordinaire de toutes les
vertus, par les sueurs & trauaux assidus qu'il endu-
roit pour le gain & cōuersion des ames, il fut cōme
vn clair flámbeau de bon exemple & d'edification
à tous les autres prisonniers qui estoient auec luy
pour la mesme cause de la foy. Et nous fit recognoistre & voir à l'œil ce qu'autrefois nous auons leu dās
les Annales de l'Histoire Ecclesiastique, que Dieu a
de coustume de sanctifier & conuertir en temples
& maisons religieuses les prisons & bordeaux, en faueur de ses seruiteurs, & qu'il n'est pas impossible
que l'esprit soit au Ciel traitant familierement auec

son Dieu s'eſgayant & nageant ez diuines voluprez
de ſa maiſon, tandis que le pied eſt aux cepz & le
corps à la cadene.

Or le ſainct Preſtre ne ſe contentant pas des trauaux que l'on luy faiſoit endurer pour le nom de
Ieſus, adiouſtoit encore à ceux-cy les macerations
volontaires pratiquées iadis par les plus ſaincts Perſonnages, & nommément des chainettes de fer
marquées & ſeparées de petites pointes aigües qu'il
portoit nües ſur la chair, afin qu'à l'exemple de l'A-
poſtre il chaſtiát ſon corps & le reduiſant en ſerui-
tude, il étouſát autant que faire ſe peut la concupiſ-
cence de la chair: & non ſans raiſon, car ſi vous fai-
ctes tant que de ne tenir compte de la châtier, il eſt
certain qu'elle s'eſleuera contre l'eſprit, & ſi on ne la
gourmande fort, elle ſecoüera le ioug & emportant
le mors de la raiſon, courrera en cheual eſchapé hors
de la carriere & des voyes des cõmandemens de ſon
Dieu, & trainera l'ame aux precipices eternels.

Parmy ces exercices de Pieté & d'auſterité, le S.
homme reſſentoit ſon cœur bruler interieurement
du zele de ſauuer les Ames qui ſe perdoient, il luy
faſchoit grandement de voir que des hommes ra-
chetez au prix du ſang de Ieſus-Chriſt, couruſſent
à bride abatüe à des peines eternelles. Et encore
qu'en la priſon ſes trauaux ne fuſſent pas ſans quelque fruict, ſi eſt-ce pourtant qu'il en euſt bien vou-
lu eſtre hors, tant il bruloit du deſir de profiter da-
uantage pour la gloire de Dieu & le ſalut des Ames.
C'eſt pourquoy apres auoir paſſé huit mois de priſon ou enuirõ, il reſolut en ſoy-meſme d'eſpier l'occaſion & le moyen de s'eſchaper de priſon, afin que
pouuant aller librement çà & là, & faiſant la fun-

ction appartenante à l'office Sacerdotal, il peust gaigner plus d'Ames à Dieu, & estancher la soif ardâte
qu'il auoit de leur conuersion à nostre Seigneur.

Et qu'il n'a eu autre pensée ny intention qui l'ait
incité & porté à se vouloir sauuer que celle-cy dessus le R. Pere de la côpagnie de Iesus le tesmoigne,
auquel tandis qu'il fut en prison il cômuniquoit ses
plus secrettes pensées & resolutions. Il recômande
donc à Dieu premierement auec beaucoup de prieres son affaire, il celebre la saincte Messe à ceste intention, il vouë & promet de faire des aumosnes &
des ieusnes. Suppliant Dieu de tout son cœur qu'il
luy plaise conduire & disposer tout le cours de sa
vie à sa plus grande gloire, & donner à l'affaire presente, l'issuë qui seroit la plus conforme à sa saincte
volonté.

La nuit en laquelle il auoit deliberé de s'enfuir, fut
tesmoin de ces sainctes propositions, & de ses vœux
pieux : Mais apres auoir ouuert & enfoncé le verre
d'vne petite fenétre, arriua que pendant qu'il se de-
ualóit en bas tout le long d'vne corde du plus haut
estage de la maison, à peine touchoit-il à terre que
voicy vn des Gardes qui faisoit le guet, reçoit le
sainct homme, & l'ayant ambrassé par le foye du
corps estroittement, à force de crier esmeut tout le
voisinage & l'appella à son secours. Les autres Gardes & les voisins resueillez à ce cry s'assemblent de
plusieurs endroits, s'offensent, se courroussent &
fremissent, empoignent le venerable Prestre de
Iesus-Christ, le iettent soubz vne table afin qu'il ne
peut demeurer debout, luy mettét au col vn collier
de fer pesant douze liures, auquel ils attachent vne
chaine de fer du poids de cent liures, de laquelle ils

le lierent tout à l'entour du corps. En cest estat ils le
trainent en vn cul de basse fosse, ou pour mieux dire
en vn trou où ils luy enferment & engagent de telle
sorte les pieds dans certains ceps de bois qu'il ne
pouuoit ny demeurer debout, ny se coucher, ny se
courber : mais estoit assis comme suspendu en l'air
auec vne peine incroyable & des douleurs extré-
mes. Le sainct Martyr fut laissé en ce tourment depuis le Vendredy deuant le poinct du iour jusques
au Lundy, soixante & dix heures durât & plus, souf-
frant & endurant grandement. On ne luy laisse ny
chapeau ny mâteau ny couuerture ny paillasse, mesmes on ne luy permet pas qu'il prenne ses necessitez.
De sorte que les Criminels qui estoiét là prisonniers
pour crimes enormes en estoient esmeuz de pitié
quoy qu'ils fussent de differente Religion. Et en le-
uants vn aiz du plancher qui estoit, immediatement
dessus le cachot où estoit resserré le sainct Martyr,
ils parlerent fort humainement à luy, luy jetterent
vne mante pour se couurir , & l'aduiserent d'vn
moyen pour se soulager vn peu, & tirer ses pieds dés
ceps. Aussi le vint voir par cette ouuerture faicte au
plancher le R. Prestre de la Cópagnie de Iesvs, duquel nous auons parlé cy dessus , & qui auoit esté
son Confesseur tandis qu'ils estoient ensemble en
mesme prison. Mais ce ne fust pas sans grand danger
qu'il y vint pour compâtir & s'esiouïr tout ensemble auec luy éz miseres & incommoditez qu'il souf-
froit pour Iesvs-Christ, & luy aporter la consolation telle qu'il pouuoit. Il le trouua diuinemét
arrousé & remply d'vne douceur & suauité celeste,
& esleué à Dieu par vne singuliere esperance &
confiance en luy : Parmy tous les tourments, voire

mefme de tous les tourments', le plus cruel eftoit
d'eftre affligé & perfecuté de vers & petites beftes
que la puanteur, ordure, obfcurité & infection du
lieu engendroient. Mais il n'euft pas gueres reffenty
ce petit allegement que les Geoliers & Gardes de la
Prifon furuiennent, lefquels enragent de ce qu'on
luy auoit fait cette courtoifie & humanité, luy arra-
chent en colere la couuerture, luy remettét les ceps
aux pieds lefquels ils cloüent & en riuent foigneufe-
mét les cloux de peur qu'vne autre fois il ne fe puif-
fe depeftrer. Ainfi f'efforçoient-ils d'ofter jufques
au moindre foulagement au feruiteur de DIEV, &
neantmoins ils ne peurent fi bien faire que DIEV
par fa Prouidence ne difpofaft fi bien toutes chofes
que fon Martyr receut quelque petit allegement &
relafche en fes tourments. Pendant que la felonnie
de ces cruels f'exerçoit enuers le fainct homme, le
Concierge receut commandement du Confeil de
le faire mener en vne autre prifon appellee en Anglois *Newgate* (vous diriez la porte neufue) lequel
changement de prifon n'eftoit autre chofe qu'vn
preiugé infaillible & indice certain de mort.

Sur le foir doncques le Lundy, ilz retirent ce
S. Preftre de ce gouffre où ils l'auoiét ietté, fi chágé
& deffait à force d'auoir enduré la faim, les veilles,
& pour la falleté du lieu & mauuaife fenteur, qu'à
peine eftoit-il recognoiffable, il auoit les pieds fi en-
gourdis qu'il fut vn long temps fans pouuoir fe tenir debout ny marcher. En fin les efprits luy eftáts
reuenuz & ceft engourdiffement paffé, ils com-
mencent à le trainer fans manteau ny chapeau
par les ruës de Londres, ayant les bras ferrez de
menottes de fer iufques à cefte autre Prifon, qui

pouuoit eſtre éloignée enuiron d'vn mil. Le gardé
qui auoit arreſté le ſainct Martyr lors qu'il ſe pen-
ſoit eſchaper, conſiderát les miſeres qu'il ſouffroit,
ſe print à pleurer & s'affliger d'auoir mis empeſche-
ment à ſa fuitte, & affin qu'il cheminát plus hon-
neſtement par les ruës, il luy ietta ſur les eſpaulles
ſon manteau, & vn autre Preſtre priſonnier ſon chapeau.

Arriué qu'il fuſt à la priſon de *Nevvgate*, ils le re-
chargent de plus belle, de chaines & de liens, & ne
luy font pas cette grace que de le mettre au depar-
tement des Cath. Priſonniers, ny meſme de le laiſſer
conuerſer parmy les Proteſtans d'honneſte qualiré,
mais le iettent au plus puant & ſalle endroit de la
priſon, parmy la racaille, & tout ce qu'il y auoit la de
plus miſerables coquins. Au reſte gens diffamez par
leur inſignes meſchancetez, & chargez de tous les
plus horribles crimes qu'on peut s'imaginer, tous
enfermez là en grand nóbre logé de la façon &auec
toute ceſte incommodité, & dormant ſur des aiz
tous nuds, il n'oublioit pas pourtant le debuoir à
quoy ſa vocation l'obligeoit, & defait il conuertit
& ramena à la foy Catholique deux pauures criminels qui eſtoient condámnez à mort. Dequoy les
Geolliers eſtants aduertis, le mirent auec ceux
de ſa Religion & le laiſſerent conuerſer auec les autres Preſtres qui eſtoient là Priſonniers comme luy,
de peur que demeurant plus longuement auec les
Heretiques, il ne recueillaſt beaucoup de ſéblables
fruicts par leur conuerſion. C'eſtoit à neuf heures
du ſoir que l'on luy fit changer de lieu en la priſon
& n'eſtoit pas permis à ceſte heure la d'enuoyer
querir de hors vn lict pour luy, mais il n'en man-
qua

qua pas pourtant, car l'vn des prisonniers Catholiques luy ceda par charité son lict (comme cest la façon entre nos Catholique d'en vser de la sorte) afin
qu'il peut plus à son ayse prendre vn peu de répit
des longs trauaux qu'il auoit soufferts durant vn si
long-temps & auec si peu de relasche. Nostre Seigneur qui eut tres-agreable cest office de Pieté rendu à son seruiteur, voulût dez ceste nuict là mesme,
faire cognoistre à ce charitable Catholique, à quel
homme & de quel merite il auoit fait ce plaisir. Car
il eust vne vision en dormant qui luy faisoit veoir
vn Soleil, comme enclos & enfermé dans quelque
lieu fort estroit, lequel il luy sembloit ne pouuoir
ny comprendre pour sa grandeur, ny regarder fixement pour sa splendeur, de sorte qu'il estoit con-
trainct de se couurir la teste, & mettre au deuant de
ses yeux quelque linge pour interposer ces voiles
entre ce grand Astre & sa veuë.

Le temps des Sessiós qu'ils appellét, approchoit,
auquel les Iuges ont de coustume en Angleterre de
s'assembler en vn certain lieu ordonné pour cela,
où ils tiennent l'Audiance & iugent des affaires Cri-
minelles : Là fut amené le seruiteur de Dieu le
Mercredy 26. de Iuin, & fut derechef interrogé,
cóme cy deuant il auoit esté, par ces faux Euesques
touchant la Prestrise & le sermét de fidelité pretenduë. A quoy il fit la mesme responce qu'auparauát,
qu'ayant esté initié & promeu aux Ordres sacrez,
suiuãt la coustume & façon de l'Eglise Catholique,
il estoit venu par legitime Mission & enuoyé par
authorité du sainct Siege Apostolique en Angleterre pour trauailler en la vigne du Seigneur. Et que
pour le serment il refusoit tout à fait de le prester,

C

non pas qu'il dêniat de rendre au Roy la fidelité &
obeiſſance qui luy eſtoit deuë éz affaires de l'Eſtat
Téporel & Ciuil : mais parce qu'il preferoit la fidelité deuë à Dieu, & la foy Catholique aux cōman-
dements & ordonnances des hommes. Là eſtoient
preſents, comme de couſtume, les douze Iurez, qui
ſont pour l'ordinaire les plus pauures & plus igno-
rans d'vne Ville, & tous gens de meſtier qu'on choi-
ſit tels qu'on veut, auſquels on fait leuer la main de
iuger ſelon leur conſcience, & pour ce ſont appellez
Iurez, auſquels le Iuge demande quel eſtoit leur ad-
uis touchant ceſt homme. Eux ſeſtans retirez à part
& ayants tenu quelques propos enſemble, declarerent qu'il eſtoit coulpable de crime de leze Majeſté.

Cela fait, on le remeine en priſon, on le charge de
chaiſnes, & le reſſerre-t'on en ſi eſtroitte garde qu'il
n'eſtoit permis à perſonne de parler à luy : Il fit neāt-
moins en ſorte qu'il trouua moyen de faire chanter
à ſes compagnons vn *Te Deum* en l'honneur de
Dieu & pour luy rendre actions de graces du benefice receu. Le lendemain on le fit derechef comparoir deuant les Iuges, qui luy offrirét ſoubs la foy
Publique de luy dōner la vie, pourueu qu'il voulût
preſter le ſermét ſuſdit de Fidelité. Mais luy demeu-
rát touſiours ferme en la Foy, refuſa de ce faire auec
la meſme conſtance qu'il auoit fait maintes fois auparauant, & mit quant & quant en auant les raiſons
pour monſtrer qu'aucun Chreſtien ne pouuoit faire vn tel ſerment ſans faire perte de la foy Catholique & du ſalut de ſon ame. Puis ſe tournant vers
toute la compagnie là preſente, les conjura tous de
vouloir eſtre teſmoins, combien innocent du crime de leze Majeſté eſtoit celuy qu'ils condamnoiét

lequel ils ne pouuoiét sceu charger d'aucū autre cri-me sinō qu'estant Prestre, cōsacré à la Cátholique, il estoit venu en Angleterre contre les loix du Royau-me, Duquel crime neantmoins, si tant est que ce soit crime, ils luy offroient abolition à condition d'estre perfide à DIEV & traistre à l'Eglise Catholique Ro-maine. Disant cecy & voulant cōtinuer auec la mes-me vigueur de courage à dire beaucoup d'autres choses pour iustifier son innocence. Les Iuges luy imposerent silence & prononcerent contre luy la sentence, par laquelle ils le condamnerét à estre exe-cuté à la façon des criminels de leze Majesté. On le remene dōc derechef en prison. Par le chemin il est injurieusement traitté, tiré & poussé par les sergéts, & en fin chargé de chaînes & de liens on le jette dans vn recoin de la prison, on deffend sur peine de la vie qu'aucun le voye ny parle à luy. Et en ceste sorte ainsi resserré ils le gardent iusques au Lundy. Et si neantmoins ils ne le laisserent pas encore en repos, quoy qu'il fut renfermé soubz tant de serru-res, ou plustost cacheté soubz tant de sceaux, car ils enuoyerent des gens en sa Chambre pour y foüiller & rechercher s'ils ne trouueroyent point quelques lettres ou autres choses concernantes la foy Catho-que, dont ils peussent tirer quelque consequence & preuue du Crime. D'ailleurs les Cherifs (c'est le Ma-gistrat entre les Bourgeois qui est immediatement apres le Maire de la ville) amenerent deuant luy vn Ministre ou deux, non tant pour conferer auec luy & disputer de la verité, que pour le harseler & fas-cher par leur importunitez. Car ces gens-cy ne fōt iamais ceste function, sinon lors que quelque Pres-tre est sur le point d'estre mené au gibet, & s'en-

gardent bien d'aller visiter les autres Prestres Prisonniers qu'ils fuyent tant qu'ils peuuent, mesmes y
estants appellez & deffiez. Il y eut quelques Catholiques qui donnerent de bon argent, pour auoir
permission de voir le venerable Prestre & conferer
auec luy: Il n'est pas croyable comme ils le trouuerent chãgé en mieux. Vous eussiez veu sur son frõt,
en ses yeux, en son visage ie ne sçay quoy de gay,
toutes ses actions tesmoignoient ie ne sçay quelle
ioye, il auoit l'esprit merueilleusement content, l'a-
me assurée & fortifiée d'vne tres-grande esperance
& tres-forte confiance en la misericorde de Dieu.
Ses parolles mesmes & ses deuis familiers ne respi-
roient qu'vne incroyable & tres-ardante flamme
d'amour enuers Dieu, & charité enuers le prochain.
Au surplus ses discours estoient assaisonnez d'vne
telle douceur & grace, qu'on eust dit qu'il sauou-
roit des-ia en son Ame les ioyes qui l'attendoient au
Ciel, & qu'encores qu'il fut reduit à la plus grande
misere & affliction, il iouïssoit neantmoins en son
esprit de telz plaisirs & contentements qu'en vain
rechercheront les mondains qui courans apres les
vaines faueurs de la fortune viuent en ce monde
ayants tout à souhait.

Aussi est-ce la coûtume de Dieu de visiter souuent ceux qui sont affligez pour son Nom, ou plustost de demeurer auec eux en la Prison & dans les
Tourmens continuellemét, & encore d'essayer luy
mesme la pesanteur de la Tentation, & gouster le
premier au hanap de Douleur, & à proportion des
trauaux verser en leurs cœurs vne diuine douceur,
& vne certaine liesse en si grande abundance, que
ceste ioye celeste noye & engloutit tout le sentimét

dela douleur corporelle, si bié qu'auec le Psalmiste
ils puissent à bon droit chanter.

Dautant de secrettes liesses,
Comme ie couuois de tristesses.   Psal.93.
Ta douceur m'a reconforté.

La pluspart de ceux qui estoient venus là pour le
voir estoient Espagnols des plus qualifiez qui pour
lors demeurassent à Londres,& entre autres le fils
de l'Ambassadeur d'Espagne,& le R. Pere Didacus
de Fuente Religieux de l'Ordre de S. Dominique,
personnage rare & excellent en Pieté, en Prudence
& sçauoir : viuant en la rigueur de sa regle tres-exa-
ctement,& Confesseur ordinaire de l'Ambassadeur.
Ceux-cy estoient suiuis de tous ceux de la maison
de l'Ambassadeur,& des Espagnols qui estoiét pour
lors à Londres pour diuerses affaires. Vous eussiez
dit que c'eust esté vne Procession d'hommes qui al-
loiét à la Prison pour voir vn Prestre de mesme Religion & croyance qu'eux,condamné à mort en vn
Royaume auec lequel ils auoient Paix,à leur veuë&
presence ; & non pour autre crime quu pour estre
Prestre Catholique. Comme ils virent ceste gene-
reuse constance de ce Martyr designé, & qu'ils eurent obserué ceste gayeté parmy tant de trauaux &
afflictions, ce fut à qui se jetteroit lors à ses pieds,
qui baiseroit ses mains,ses chaisnes,& ses liens , & la
terre où il marchoit: Ils luy presentoiét leurs chap-
peletz, & se mettoient eux-mesmes pour receuoir
sa saincte benediction , le suppliant au reste &
le coniurans de leur dire s'il desiroit quelque chose
d'eux. Toutes lesquelles choses se passantz aux yeux

des Heretiques & des Gardes de la Prison, ils furent
rauiz en admiratiõ de ce zele & de ceste feruerur de
foy qu'ilz auoient veuë. Cela arriua le Dimanche
sur le soir 10. Iuillet.

des prières de l'ancien calendrier.

Retournez qu'ils furent à la maison (cõme ce sont
gens pleins de pieté & de zelle à la foy Catholique)
ils ordonnent des prieres, & mettent en veuë sur
l'Autel le tres-Sainct & tres-Auguste sacrement de
l'Eucharistie, deuant lequel ilz passerent toute la
nuict en prieres & veilles continuelles, supplians
Dieu de tout leur cœur qu'il luy pleust assister de
ses graces le sainct homme qui estoit comme eux
dans l'Eglise Catholique, le fortifier & rendre inuincible à tous les assaurs du Diable. Au mesme
temps l'Ambassadeur du Tres-chrestien Roy de
France, s'employa vers nostre Serenissime Roy
pour le bon Prestre, & sollicita tant qu'il peut pour
luy faire auoir grace: si fist aussi l'Ambassadeur de sa
Majesté Catholique, mais ny l'vn ny l'autre Ambassadeur ne peurent rien faire.

Tandis que tout cela se faisoit, la Pieté croissoit
au cœur du S. Prisonnier, cõme c'est l'ordinaire, à
mesure que l'affliction presse. Il ne faisoit plus autre
chose qu'attendre, estant en prieres, l'heure qu'on
l'apelleroit pour le mener à la mort. Le Lundy dõc
venu sur les 5. heures du matin, il fut appellé par les
Sergéts & Bourreaux qui estoient en la ruë à l'étour
de la Claye attachée aux pieds des cheuaux, & cou-
uerte d'vn peu de paille. Et est à noter que cecy se
faisoit vis à vis du lieu où les Prestres & autres Catholiques estoient gardez prisonniers, lequel lieu se
fermoit de nuict à deux portes, & le iour auec vne

feulement, laquelle auoit certains barreaux ou treïl-
lis de bois, qui fe couuroient quand befoin eftoit
de lames de fer. Et ces treillis y eftoient afin qu'à
trauers, les Prifonniers peuffent parler au Portier,
& receuoir les chofes neceffaires. Mais les Geoliers
receurent commandement de n'ouurir point la
porte de dehors qui fe fermoit de nuict par deffus
l'autre fufdicte porte à treillis. Cela fut fait afin,
comme ie croy, que le fainct Martyr & fes compagnons auffi Prifonniers pour la foy, ne receuffent
cefte côfolation de s'entre-veoir l'vn l'autre, & de
s'entre-parler tout haut deuant tous, & de s'entre-
dire le long & dernier à Dieu. Ce nonobftant le
Venerable Preftre tournât la veüe vers la porte des
Prifonniers à l'endroit d'vne petite feneftre qui regarde fur la ruë, tout lié qu'il eftoit par les mains
donna la benediction à fes Compagnons. Et s'e-
ftant luy-mefme armé du figne de la Croix, baifa
affectueufemét la Claye: Puis fe coucha deffus ayât
le vifage toutné de l'autre cofté des pieds des cheuaux. En en cêt eftat il fut trainé par les rues iufques à *Tiborn*, qui eft le nom du Gibbet, diftant de
la Prifon bien deux mil & plus.

Or outre vn nombre infiny de Peuple qui fuiuoit
le fainct Martyr allant au fupplice, l'accôpagnoient
encore à cheual plufieurs Gentilz-hommes Catholiques Anglois, & auffi plufieurs autres Gentilz-
hommes & gens d'honneur de la maifon de Mef-
fieurs les Ambaffadeurs qui eftoient pour lors en
Angleterre de la part des Roys & Princes Catholiques.

Mais les Sergents & Satellites pour faire retirer &
efloigner ces bôs Perfonnages, leur faifoiét tous les

affrons qu'ils pouuoient, tantoſt ſe mocquás d'eux,
tantoſt frappans leur cheuaux à grâds coups de ba-
ſtôs & les eſcartoient ainſi, mais ſi ne laiſſoient-ils
pas pourtant de ſe ramaſſer par apres, & fendans la
preſſe de ſe raprocher du S. Martyr : Et tenans leur
teſtes deſcouuertes & baiſſées en ſigne d'humilité
à la façóde ceux qui ſaluent quelque Grand, ilz luy
ſouhaitoient paix & aſſiſtance, & le ſupplioient de
leur donner ſa benediction, d'autant plus ſaincte,
ſans doute, que plus difficillement il faiſoit le ſigne
de la Croix, en teſmoignage de la foy, auec les
mains liées pour l'honneur de la Croix.

Il y a hors la ville de Londres vn Gibbet fort remarquable en vn certain Carefour ſur le grâd chemin baſty en forme de triangle, annobly du ſang
de pluſieurs Martys de Ieſus-Chriſt (il eſt biē vray
qu'on ne laiſſe pas d'y executer auſſi tous les Pan-
dartz & Sceleratz que l'on condamne à mort
dans Londres) les Catholiques s'eſtoient leuez en
pleine nuiçt, & auoient couuert & orné tout le
lieu de fleurs & de feuillages, parſemé de bou-
quets & de chapeaux de fleurs : Et la terre
meſme tout le long du chemin eſtoit tapiſſée d'vne
jonchée de verdure & de toutes ſortes de bonnes
herbes qui rendoient vne odeur agreable. De ſorte qu'à veoir ceſt appareil, il n'y a perſonne qui ne ſe
fuſt attendu à la celebration & ſolemnité de la De-
dicace de quelque lieu voüé au ſeruice de Dɪᴇᴠ, ou
à quelque grande réiouiſſance Publique. Iamais
on ne ſe fuſt imaginé qu'on y euſt deu veoir executer vn homme Tres-innocent. Tous les fidelles Catholiques furent à ceſte occaſion ſi fort tranſportez
de joye, qu'à peine ſe pouuoient-ils contenir en
eux

eux-mefmes. Les Eftrangers admiroient grande la
conftance & refolution des Catholiques Anglois
lefquels, quoy qu'ils deuffent eftre abbatus & acca-
blez par tant de perfecutions, auoient le courage
fi bon & fi releué, que de triompher & fe refiouir
en la mort de leurs plus chers amis. Les fergents &
fatellites, & tous tant qu'ils eftoient pour faire faire
Iuftice s'eftonnoient de tout cecy, en murmuroiét
& s'en fafchoient, menaffoient mefmes les Gentils-
hommes qui loüoient cefte action. On ouït qu'ils
crioyent affez haut, Quel prodige eft ce-cy? Les Pa-
piftes feront-ils donc vne Idolle du Gibet mefmes
que nous auons dreffé?

Déja les bourreaux auoient ofté le fainct Preftre
de deffus la Claye, & l'auoient fait monter dans la
Charrette, & tenir debout ; luy mettans au col la
corde qui eftoit atrachée à la potence. Et commen-
çoient déja à le dêpoüiller, lors que luy-mefme jetta à tout ce peuple, qui eftoit là prefent, l'argét qu'il
auoit, fon mouchoir, fes gands & autres femblables
prefens qu'il leur faifoit, lefquels ils eftimoient grá-
dement, & rauiffoient auec telle auidité que l'vn de
fes proches parents, auquel par ie ne fçay quel mal-
heur rien de tout cela n'eftoit efcheu, s'efcria tout
haut, en fe plaignát: Et quoy, mon Coufin Maxfeild,
permettrez vous donc que ie m'en aille ainfi fans
auoir receu de vous la faüeur de quelque prefent?
Indices tres-veritables de l'Innocence, de veoir que
tant d'hommes, & encores qui ne font pas du com-
mun, mais gens d'efprit & d'entendemenr, eftimaf-
fent beaucoup les chofes qui d'elles-mefmes font
de fi petite valleur, à raifon du merite & vertu de
celuy qui les donnoit: Car il n'y a homme au mon-

de, s'il luy reste encor quelque apparence de Vertu,
qui desirât receuoir les presents que luy feroit vn
mêchant homme, & moins encore en voudroit-
il prendre de celuy qui seroit ennemy du Païs &
perturbateur du repos Public.

Là estoit à cheual ie ne sçay quel Ministre & pres-
cheur d'Heretiques, nommé *Pourcasse*, lequel à ce
qu'ils disoient auoit escript vn Liure intitulé *l'Apo-
logie de l'Atheisme contre la foy Catholique Romaine:*
Cettui-cy agassoit & importunoit par ses crieries &
par son babil nostre S. Martyr, prouoquoit à la Dispute vn hôme qu'il voyoit à l'article de la Mort, &
qui pour la derniere fois se preparoit pour sortir de
ceste Vie. Le sainct Martyr le renuoya & refusa de
l'escouter, disant qu'il n'estoit venu là pour disputer, mais pour cacheter de son sang & de sa vie, côme d'vn sceau la foy & l'authorité de l'Eglise Catholique. Le Ministre voyant qu'il refusoit la Dispute, se met à l'injurier & outrager de parolles, l'appel-
lant Idiot, Ignorant, homme sans doctrine, & inca-
pable de rendre raison de la Foy dont il faisoit pro-
fession. Vn pauure artisan de la ville ou, ie pense,
quelque manouurier des champs qui se trouua là,
luy dit, Allez, allez auec vos calomnies & medi-
sances: Comme si les Papistes receuoient pour Prestres des hommes si ignares & grossiers côme vous
dittes, & comme s'ils auoient de coustume d'en enuoyer de tels en ce Royaume. Mais le Martyr re-
pliqua au Ministre plus doucemét & luy dit, Vous
auez par cy deuant, mon amy, fait essay & experience quel ie suis à la Dispute, & quel homme ie suis aux
Lettres, Vous sçauez d'autre part que vous forgez
tout cecy en vostre ceruelle, Ie vous prie de ne vou

ſoir rien controuuer contre moy deuant Dievˢ &
ce Peuple, veu principalement qu’il vous faudra
quelque iour rendre conte de tout cecy à ce Tribunal, deuant lequel eſtant preſt à comparoir, cõme ie ſuis, j’atteſte que toutes ces choſes que vous
venez de dire ſont pures calomnies & mêdiſances.
Vn ie ne ſçay qui prit la parolle, & auec grande in-
ſtance & vehemêce aſſuroit & ſ’offroit, qu’on luy
baillaſt vn enfant de douze ans, que pour peu d’eſprit qu’il euſt, il luy enſeigneroit en moins de quinze iours tout ce que ſçauoit le ſainct Preſtre. A
quoy vn de ces Gentils-hommes qui eſtoiét venus
là, repartit. Ie te iure, dit-il, que ie feray en ſorte que
tu auras quarante eſcholiers, d’vn chacun deſquels
tu auras de bons apointeméſ, ſi tu veux faire ce que
tu promets & dont tu te vantes, en les enſeignant à
la condition que tu dis.

Au reſte, depuis l’heure qu’on le tira de Priſon
juſques à la mort, le Sainct hõme euſt touſiours vn
viſage gay & content, tel qu’il falloit à celuy qui
briguoit l’honneur du Martyre, & qui eſtoit Martyr deſigné, juſques là que pluſieurs Proteſtans qui
l’auoient obſerué, dêpitoient auec juremenſ, de ce
que ſouuent il ſoûrioit pour la grande joye qu’il
auoit au cœur, & qu’il ne faiſoit conte de la Mort
qui le preſſoit & talonnoit de ſi prez.

Et certes tout ce qu’il diſoit il le proferoit d’vn eſprit ſi pozé & tranquille que rien plus, & auec vne
grande aſſurance. Pour finir donc ceſte derniere
& tres heureuſe fin de ſa vie, il ſe tourna vers l’Aſſem-
blée (où il y pouuoit bien auoir quatre mil hõmes
ou enuiron, & parmy ſ’y trouuerent quelques vns
des plus grands Seigneurs du païs) & leur parla en

cette sorte. Quant à moy, Messieurs, apres auoir beaucoup trauaillé à mes estudes, ie suis venu en ceste mesme Pattie qui premiere m'a receu à ma naissance, non auec intention d'y peruertir aucun, ou détourner qui que ce fut du seruice & fidelité deüe au Roy, laquelle j'ay tousiours souhaitté demeurer inuiolable, voire au prix de mon sang : mais plustost pour reduire les ames de mes freres à l'Ancienne foy de tous nos Peres, qui est celle de l'Eglise Catholique, hors laquelle il n'y a point de salut. Et ne pensez pas que ie me sois ingeré de moy-mesme, ny venu sans Mission, ny entré comme larron & volleur (ce qui est propre & ordinaire aux Ministres Protestants) mais j'y suis venu par cette mesme supréme authorité du S. Siege Apostolique: En vertu de laquelle jadis S. Augustin & ses compagnós ont les premiers de tous apporté en ce Royaume la lumiere de la vraye Foy. C'est à vous maintenant de veoir si vous voulez qu'on croye que vos premiers Apostres ayét esté des traistres de ce Païs: Car vous ne pouuez me condamner de trahison ou de crime de leze Majesté, moy, dis-je, qui suis de mesme Foy & Religion qu'eux, appuyé de la mesme Puissáce qu'eux, deputé aux mesmes offices qu'eux, que par mesme moyen vous ne les rendiez coulpables du mesme Crime dont vous me chargez.

Ce commencement de discours sembloit promettre plusieurs autres choses, semblables pour la défence des Prestres residents en Angleterre, contre l'accusation de crime de leze Majesté : Et aussi pour confirmation & preuue de la verité de l'Ancienne croyance, necessaire à salut. Lors que le *Cherif* luy imposa silence, & commanda au bourreau

de faire sa charge: Adonc le S. Martyr adreſſant ſa
parolle à Dɪᴇv, le ſupplia de toute l'humilité de ſon
cœur, prédre en ſa protection & ſauuegarde le Roy,
la Royne, leurs Enfans, leurs Peuples & leurs Roy-
aumes, les garentir de tous maux ſpirituels & cor-
porels, à fin que paſſants cette Vie en bonne & heureuſe paix, ils peuſſent vn iour jouïr de l'Eternelle:
Le pria auſſi de remettre & pardonner à ſes Perſe-
cuteurs leurs pechez, proteſta hautement que de
tres-bon cœur il pardonnoit à tous ceux qui auoiét
conſpiré ou conſeillé ſa mort, donna par deux ou
trois fois ſa benediction à toute l'Aſſiſtáce, laquelle fut bien receuë preſque de tous à teſte dêcouuer-
te & inclinée. En fin êleuant au Ciel ſes mains & le
viſage, inuoqua Dɪᴇv à ſon ſecours : A quoy les
Catholiques le ſecondoient par leurs prieres détrá-
pées auec les larmes qui leur decouloient des yeux
en tres-grande abondance, dequoy ie puis dêpoſer
aſſurément, comme têmoing oculaire du fait.

Or pendant qu'entre autres pieuſes parolles il repetoit ſouuent ce verſet,

In manus tuas Domine commendo ſpiritum meum, Re-
demiſti me Domine Duas veritatis.

  Ie te remets mon Ame entre les mains,
  Qui tant de fois des perils inhumains,   Pſal. 30.
  M'as racheptè, DIEV touſiours veritable.

On tira de deſſous luy la Charrette, dans laquelle il
eſtoit debout, & le laiſſa-t'on pendre au Gibbet.
Incontinent les bourreaux voulurent s'approcher
pour couper la corde, à fin que le S. Martyr tom-
bant en terre à demy vif, reſſentit plus de douleur
quand on luy arracheroit les entrailles. Mais pluſieurs des plus qualifiez qui eſtoiét là preſents, ſup-

portans cela impatiemment & tres-malvolontiers,
crièrent contre eux, disants que c'estoit vne barba-
rie par trop cruelle & tyrannique , de foüiller auec
les mains & le fer les entrailles d'vn homme encore
tout vif, & partant qu'ils eussent à le laisser pendre
jusques à ce qu'il fust mort tout à fait.

Apres donc qu'il eust demeuré pendu l'espace
d'vn quart d'heure, ils couperent la corde, luy fen-
dirent l'estomac , & luy arracherent le cœur & les
autres entrailles , qu'ils jetterent dans vn feu qui
estoit là auprez allumé tout exprez : La teste fust
tranchée du corps, & le corps mis en quatre quartiers, & le tout enterré auprez de la Potence. Tandis que ces choses se faisoient, nous autres Catholiques qui venions d'implorer le Diuin secours pour
ce pauure affligé, nous cõmençasmes à l'inuoquer
luy-mesme cõme vn Sainct desia glorieux au Ciel,
à ce qu'il luy pleust par son intercession appaiser
DIEV enuers nous. Le Magistrat auoit fait vne Or-
dõnance, par laquelle il deffendoit qu'aucun, soubs
peine de prison, ne fust si hardy de prendre ou em-
porter, ny mesmes toucher aucun morceau de la
chair du sainct Martyr, non pas mesme de la paille
moüillée & tinte de son sang , ny aussi de ses veste-
mens. Mais pour toutes leurs deffences ils n'empes-
cherent pas que plusieurs ne s'exposerent en dãger
d'emprisonnement, pour s'en retourner plus riches
en leurs maisons, y remportants quelque partie des
sacrez gages & reliques du Martyr de IESVS-
CHRIST.

Cette mesme matinée, en ce mesme lieu,on y en
deuoit executer treize autres pour diuers crimes,
& forfaits: Nonobstant cela, incontinent apres que

le Martyre du sainct Prestre fut paracheué, l'Assemblee se separa presque toute, dêdaignant d'assister à la mort des autres. Est aussi à remarquer, que de grand matin deuant qu'ilz eussent fait sortir nostre sainct Prestre de la Prison, ils firent dresser les appareils au marché de Londres appellé *Smythfield*, comme qui diroit le champ des Mareschaux, pour y brusler vne femme qui auoit tué son mary, à dessein pour destourner les spectateurs de cette Tragedie, mais ce fut envain, car il n'y en eust aucun de quelque condition qu'il fust, & pour peu de loisir qu'il eust qui n'accompagnât à cheual le sainct Martyr, ou ne fust dans les Ruës & Carrefours par où il deuoit passer, ou bien ne fust sorty hors la Ville pour le veoir arriuer lors qu'il seroit mené au Gibet. Tant nous sommes imbuz naturellement de ceste opinion, qu'il n'y peut auoir aucun spectacle plus celebre & magnifique, que de veoir vn homme de grand merite & rare vertu, presenter le collet à la fortune, & exposé à ses coups, luy resister auec vn courage plus grand qu'elle n'est inique, & cruelle: car c'est là que se liurent les combats dont l'issuë est tousiours bonne & heureuse : C'est là où la plus griefue peine n'est autre chose qu'vne tres-fertile moisson de gloire: C'est là où se perdre c'est viure à l'eternité : C'est là où pouuoir mourir c'est commencer à viure de ceste vie qui est tres-abondante en toutes sortes de biens.

Le Martyre du sainct Prestre ne fut pas sans fruit, comme ordinairement il en reuient vn grand bien aux ames : Car plusieurs furent enflammez par cest exemple, à souffrir le semblable, les autres en deuindrent plus resoluz en la Foy, si aucuns bransloient ou chanceloient, ilz furent raffermis & raſſurez, ceux qui n'auoient iamais eü auparauant vne vraye creance, furent êmeuz & incitez à ambraſſer la foy Catholique. Preſque tous en fin ont auoüé que cela eſtoit vn excellent & tres-aſſuré têmoignage de la verité de noſtre foy. Certainement nous ſommes arriuez à des temps qu'il ſeroit beſoin, pour l'intereſt ſpirituel de pluſieurs, qu'on viſt ſouuét de ſemblables exemples de Conſtance & de Pieté enuers DIEV & l'Egliſe Catholique.

Ie ne puis paſſer ſoubs ſilence la Pieté & aſſeurance eſtrange d'vne certaine femme. Quelques-vns remercioient le *Cherif* de ce qu'il auoit empeſché que les bourreaux ne coupaſſent la corde à noſtre Venerable Preſtre, deuant qu'eſtre tout à fait mort. Cette pauure femme penſant en ſoy-meſme qu'elle eſtoit obligée à rédre auſſi actions de graces, mais à vn meilleur Seigneur, & pour vn plus grand Benefice, ſ'eſcria à haute voix, ſi bien que tout le monde la pouuoit entendre, Gloire ſoit à DIEV pour la conuerſion d'Angleterre, pour la conuerſion d'Angleterre.

Car cette pieuſe femme voyoit bien qu'apres la Paſſion & les Merites de IESVS-CHRIT il n'y a aucune matiere, ny chaux, ny cimét, qui puiſſe mieux & pluſtoſt, ny plus eſtroittement réjoindre & lier auec l'Egliſe, les pierres qui en ſont des-vnies & arrachées par les Sciſmes & Hereſies, que le ſacré ſang des Martyrs de IESVS-CHRIST, Et ſçauoit qu'il ne ſe peut faire que la terre eſtant comme enſemencée, & abondamment arroſée de ce ſang, ne germe & produiſe bien tòſt l'agreable Moiſſon de la foy Catholique, & en ſuitte des ſemences de vrayes & ſolides

lides vertus. Le Magiſtrat & leurs Officiers ſça-
uoient bien que les Cathol. eſtoient grandement
curieux & deſireux des reliques des SS. Martyrs.
Pour eluder leur eſperance, ils firent vne foſſe d'v-
ne merueilleuſe profondeur, en laquelle ils jetterent le corps de noſtre Sainct Martyr ainſi dê-
membré, ſur lequel ils jetterent encores les cha-
rongnes puantes & pourries, & toutes decoulantes
d'ordure & de pauureté de deux malfaiteurs qui
auoient eſté penduz & enterrez vn mois auparauãt.
Par apres ils entaſſerent là deſſus les corps de ces
treize criminels qui auoient eſté executez ce iour
la meſme: En fin mettent force terre pour remplir
& couurir la foſſe, penſants en eux meſmes qu'il ne
ſe trouueroit perſonne ſi hardy (ou comme ils s'i-
maginoiét ſi fol) qui voulût au peril de ſa vie & auec
l'incommodité d'vn ſi grand trauail, & de telles
puanteurs aller fouiller en cette foſſe pour y cher-
cher les membres d'vn homme mort & taillé en
pieces. Mais neantmoins la pieté & reſolution des
Fidelles ſurmonta le deſſeing des Heretiques. Car
ayans pris vne troupe de bonnes gens auec eux, ils
vindrent à la faueur de la nuict à la foſſe d'où ilz ti-
rerent les membres auec la teſte du Martyr, & les
emporterent pour les garder auec l'honneur & reuerence qu'ilz meritoient.

Ie diray icy vne choſe que j'eſtime comme mi-
raculeuſe, ou au moins vn traict ſingulier & extraor-
dinaire de la Diuine prouidéce. C'eſt que cõme céte
deuote trouppe euſt trauaillé toute cette nuict (la-
quellé deuoit eſtre plus courte pour eſtre en pays
tirant vers le North, & enuiron le Solſtice du Prin-
temps.) Et n'euſſent pas peu obtenir ce qu'ils s'é-

ſtoient propoſé, l'aube du iour venant à s'éclaircir & promettoit vne tres-belle iournée, qui donna de la frayeur à ces pieux larrons, leſquels d'ailleurs apprehendans les Laboureurs allans du matin à ſleur charüe & les paſſans ſur vn grand chemin, auoient perdu tout courage & deſeſperoient de pouuoir jamais auoir ce qu'ils auoient tant deſiré. Ainſi donc-ques qu'ils ne penſoient plus à autre choſe qu'au moyen de ſe retirer ſeurement en la Ville, voila que tout à coup ſuruint, par permiſſion Diuine vn nuage, qui cauſa vne obſcurité ſi grande, & vn broüillas ſi eſpais, qu'ils ne ſe pouuoient plus cognoiſtre à la veüe les vns des autres. Se conſiants donc en la faueur preſente de D i e v, paracheuerent heureuſement le trauail qui leur reſtoit, deterrerent les Reliques, & enrichis de ce ſacre epdoſt, s'en retournerent joyeux & cõtents, Et ne les eurét pas ſi toſt mis en la maiſon hors de tout danger que le broüillas ſe diſſipe, comme s'il euſt ſeruy ſeulement pour receler ſoubs ces obſcures tenebres, ce pieux & charitable larrecin. Ainſi noſtre Seigneur a de couſtume de gouuerner & diſſiper toutes choſes, auec vne telle douceur & ſuauité, que les Elemens meſmes & viciſſitudes des choſes s'aſſujettiſſent en Terre au ſeruice de ceux qu'il couronne de gloire & d'honneur au Ciel, à fin qu'on voye qu'il eſt admirable en ſes Sainⱥts, ſi bien que nous pouuons veritablement chanter auec le Pſalmiſte:

Qu'ils me ſont precieux, tes Eſleuz bien-aimez,
Que leur puiſſance eſt forte, & qu'ils ſont en ta grace,
Qu'on les veoid en tous lieux abondamment ſemez.

Apres que la sentence de Mort euſt eſté prononcée con
re noſtre S. Martyr, il commença vne lettre, laquelle il ne
peut paracheuer, à raiſon de l'importunité & diuertiſſe-
mens qui luy arriuoient de la part de ceux qui le venoient
veoir pour diuerſes cauſes, & auſſi à cauſe de la recherche
exacte que les Satellites & Gardes faiſoient de toutes ſes
actions: Neantmoins nous auons iugé à propos d'adiouſter
à ceſte hiſtoire le fragment qui en eſt demeuré, comme le
teſtament de ce ſainct Perſonnage, à fin qu'il ne vienne à
eſtre perdu.

A ſes Tres-Chers Mere, Freres, & Sœurs.

COmme ainſi ſoit que i'aye deſia dit Adieu au monde, & qu'entre la mort & moy il n'y ait que l'eſpace
de peu d'heures, ie porte tout mon ſoing & mes penſées à
ce que ie puiſſe auoir pour compagnons & coheritiers de la
vie Eternelle, à laquelle ie m'achemine, ceux auec leſquels
i'ay eſté en celle-cy plus eſtroittement joinct & lié de con-
ſanguinité. Ce donc dequoy ie vous prie & adjure par le
plus intime Amour & plus parfaite Charité, & encore
par ces dernieres paroles de voſtre frere, qui va tout maintenant reſpandre ſon ſang pour la Foy: Eſt que ſi vous ai-
mez le ſalut de vos Ames, ſi vous faittes quelque eſtat de
l'honneur deu à vn DIEV Tout-Puiſſant, Vous diſpoſiez
& ordonniez tellement de voſtre façon de viure dans le
monde, que vous puiſſiez auſſi viure vn iour au Ciel. Vous
en ſçauez Dieu mercy les moyens, Pratiquez les ſoigneuſe-
ment, Aymez & cheriſſez la Iuſtice, & ceſte excellente
vertu du Chreſtien, la Pieté. Ayez horreur des vices &
de toute tache qui pourroit ſouiller tant ſoit peu voſtre
ame. Gardez la Paix auec voſtre Prochain : & tenez

pour certain que la mort de ceux-là sera suiuie d'vne
gloire immortelle , dont la vie aura esté accompagnee de
vertus. Il n'est pas de besoin de vous exciter à la vertu par
d'autres esguillons que par vne exemple qui vous est cognu,
lequel n'en est pas pour cela moins illustre, quoy que domestique. Remettez vous donc souuent deuant les yeux nostre
Pere , lequel apres auoir souffert pour la Foy , & pour la
Iustice plusieurs persecutions:En fin a enduré auec vn courage genereux, la sentence d'vne mort tres-injuste.

LE MARTYRE DV VENERABLE PRESTRE Thomas Tunstall.

Etuy-cy auoit esté enfant & Prestre du Seminaire des Anglois à Doüay en Flandtes, c'est à dire, nourry & entretenu aux despens de la maison. Il n'auoit trauaillé en la vigne du Seigneur en Angleterre qu'enuiron six ans tant seulement, desquels mesmes il en passa quatre ou cinq en prison en differéts lieux de ce Royaume. Et tout nouuellement il en fust mis hors & mené au Chasteau de *Norvvich*, pour y comparoir deuant l'vn des premiers Iuges du Royaume, & répondre aux charges qu'il auoit contre luy touchant le crime de leze Majesté. *Robert Simonis* estoit l'accusateur, Il luy imputoit vn crime tout nouueau & du tout inoüy, & disoit qu'il auoit par belles paroles gagné & attiré à la Foy Cath. vn certain hõme nommé *Puddinge*, prisonnier pour debtes, & vn autre encor qui estoit seruiteur domestique d'iceluy Prestre, disoit encor plus, qu'il s'estoit adressé à luy-mesme, ayant fait tous ses effors de l'attirer & induire à la mesme Foy. Et notez qu'il assuroit tout cecy par sermét. Or d'instruire quelqu'vn ou l'induire à receuoir la foy Cath. Ro. cela s'appelle en ce païs, seduire les subjets du Roy, ce qui eſt deffendu à tous tant laïques, que Preſtres ſur peine de la vie, & d'eſtre tenus pour criminels de leze Majeſté, & ce par Edicts & Loix expreſſes, faites ſoubs le Regne de la Royne Elyzabeth, leſquelles noſtre Roy, à ſon auenement à la Couronne, confirma & authoriza & voulut qu'elles fuſſent en tout & par tout rigoureuſement obſeruees, comme elles auoiét eſté au cõmencement: encore que le Sainct Preſtre ſceut que ce qu'on mettoit en auant contre luy n'eſtoiſ crime, mais vn tres-agteáble ſeruice rendu à DIEV, neantmoins nia tout à plat l'auoir fait, *Puddinge* le nia auſſi, le ſeruiteur du Preſtre le nia pareillement, & reſmoignerent ces deux-cy deuant les Iuges, apres auoir fait ſerment & iuré ſur les Sainctes Euangiles, que jamais ils n'auoient recogneu que les admonitions & conſeils du ſainct Preſtre viſaſſent à autre but qu'à leur enſeigner à ſe bien gouuerner, & viure en la crainte de DIEV.

Nous auons vne couſtume en ce Païs, que ez Actions intentées deuant les Iuges, la partie qui réd l'intereſt du Roy meilleur, & qui fait d'auantage pour la conſeruation de la dignité & Authorité Royalle eſt touſiours preferée & eſtimée plus fauorable quand ſe vient à opiner. Et partant en ce iugement icy la partie qui mettoit en jeu l'intereſt du Roy, euſt aiſément la pluralité de voix, & le gagna. Choſe eſtrange? vn ie ne ſçay qui (qui eſtoit partie & teſmoing tout enſemble, & meſmes qui auoit forgé & controuué le crime, eſtoit receu tout ſeul à le verifier par ſerment, & l'emporta par deſſus le témoignage de trois qui nyoient tres-conſtammét le crime. Ainſi il obtint gain de cauſe, & ſiſt decla-

rer le sainct homme criminel de leze Majesté. Ce
ne fust pas tout: Car le mesme accusateur jura encor
vne autre fois, que ce S. Prestre luy auoit auoüé qu'il
auoit esté à Rome, parlé au Pape, & obtenu de luy
pardon de ses pechez, & quelques indulgences.
Et iamais le Venerable Prestre n'auoit veu la ville
de Rome, mais mesmes n'auoit iamais approché de
l'Italie: Et neantmoins le Iuge le declara conuaincu
du crime de leze Majesté. Et puis se tournant vers
les douze Iurez, leur fait vn long discours, pour
monstrer que le sainct homme estoit vne vraye rui-
ne & peste capitale de l'Estat. Et là dessus s'assem-
blerent, suiuant la coustume, & deliberans du fait,
le declarerent coulpable de mort. Ausquelles paroles le Iuge dit tout haut, D I E V vueille auoir pitié
de son Ame. Mais le Martyr faisant sur soy le signe
de la Croix, prononça ces paroles, *Benedicta sit san-*
cta Trinitas atq; indiuisa Vnitas confitebimur ei quia fe-
cit nobiscum misericordiam suam. Benite soit la S. Tri-
nité & l'indiuisee Vnité, Nous luy rendrós gloire,
parce qu'elle a vsé de misericorde enuers nous. Et
comme il estoit debout deuant le Tribunal, il se mit
à genoüils, & employa quelque peu de temps en
prieres. Le Iuge luy auoit demandé s'il vouloit prester les serments solemnels, qu'ils appellent de Pri-
matie, & de Fidelité deüe au Roy. Il répondit que
quand il auroit à mourir cent fois pour cela, il ne le
feroit pas. Le S. Martyr auoit demádé auec instan-
ce au Iuge, qu'on fit venir quelque Ministre ou Pres-
cheur, auec lequel il peut entrer en lice, & disputer
de la Foy Catholique. Le Iuge ne luy voulut iamais
accorder, & prit pour pretexte qu'il estoit vn vieil
routier, fait à la dispute, & stillé à faire des argumés

pleins de subtilité,& Sophismes, dont il faisoit &
tiroit des conclusions fausses.

Il aima bien mieux prononcer contre luy la sentence inhumaine, par laquelle il le condamna à estre
trainé à la queuë des cheuaux jusques au Gibet, puis
estre pendu, & aussi tost estre jetté de la Potence en
bas estant encore demy-vif: Et auoir les parties hon-
teuses coupees, estât encore plein de vie, la poitrine
ouuerte, le cœur & les entrailles arrachées & jettées
dans vn feu allumé là auprez, la teste tranchée, & le
corps mis en quatre quartiers : Et en vn mot à endurer tous les autres tourments & supplices qu'on
a de coustume en ce Païs de fulminer auec vn horr-
rible tonnerre de paroles contre les criminels de leze Majesté. L'Arrest prononcé, incôtinent le sainct
homme répondit à haute voix, Loüé soit Dieu, &
puis adressant sa parole au Iuge luy dit , Et bien,
Monsieur? tous ces tourments-là ne seront qu'vne
seule mort , & encore qui n'est pas grandement à
craindre, laquelle de tres-bon cœur j'accepte, puis
qu'il plaist à mon Dieu.

Le lendemain, sur les neuf heures du matin , le
souuerain *Cherif* de toute la Comté de *Nortfolk*
vint à à la prison, accompagné de Sergents & satellites. Aussi tost que le S. Prestre veoid cest'homme,
luy soubzriant doucement le veint receuoir cour-
toisement, & luy dit qu'il est le bien venu. Sorty
qu'il est de la prisô, il s'agenoüilla auprez de la claye
sur laquelle il deuoit estre trainé, la baisa affectueu-
sement, aprez qu'il eust fait sur elle & sur soy-mesme le signe de la Croix, & ayant fait sa priere, se lais-
sa manier par les mains des bourreaux comme vn
doux agneau pour estre attaché & trainé au lieu du
suplice

ſuplice, qui eſtoit diſtant de la enuiron vn bon mil.
A peine auoient-ils fait la moitie du chemin, que
peu s'en fallût que le S. Martyr ne rendit preſque
l'eſprit pour l'extreme ardeur du Soleil & grande
pouſſiere qu'il faiſoit, & pour la gráde multitude
de peuple qu'il y auoit qui auec cela l'eſchauffoient
de leurs haleines.

C'eſt pourquoy le *Cherif* le redreſſa vn peu en ſon
ſeant, & par ce moyen il paracheüa le reſte du chemin, non à la verité auec ſi grand peril, mais auec
plus grande peine & douleur, eſtant contraint de
ſe ſouténir & appuyer ſur ſes mains par derriere.
Arriué qu'on fuſt au Gibbet, on le deſlie, on l'oſte
de deſſus la Claye, on le mene au pied de l'Eſchelle, il s'y proſterne à genouils, fait ſur elle & ſur
ſoy le ſigne de la Croix, la baiſe amoureuſement, ſe
met en prieres auprez l'eſpace d'vn quart d'heure,
puis en fin ſe leue.

Là le Cheualier *Syr Hamond Strange*, miſt pied à
terre, vint la teſte nuë au Venerable Preſtre, & luy
dit : Monſieur Tunſtal, Ie croy que vous eſtes tout
reſolu à la mort, & que vous vous eſtes bien prepa-
ré à cela. Il eſt vray Monſieur dit le S. Martyr, &
vous remercie de la faueur que vous me faites preſentement. Au reſte ie prie Dieu de tout mon cœur
qu'il luy plaiſe conuertir le voſtre, & vous tourner
& imputer à bien ceſte action, & vous pardonner
ce peché, car de moy ie vous le pardonne de toute
mon affection. Le Gentil-homme le remercia, luy
oſtant le chapeau, & aprez luy auoir fait vne pro-
fonde reuerence, remonta à cheual. Alors le *Cherif*
fait ſigne au Venerable Preſtre, qu'il euſt à monter
à l'eſchelle, Il obeit, fait le ſigne de la Croix, baiſe

la Potence & la Corde amoureusement, se jette à
genouils pour les ambrasser, & de rechef se met en
prieres l'espace d'vn quart d'heure. Cela fait il se
tourne vers le Peuple, & se signant de la Croix dit
tout haut ces motz : *Spectaculum facti sumus Deo An-
gelis & hominibus*, c'est à dire, Nous sommes faicts
spectacle à Dieu, aux Anges, & aux hommes.

Mais ce pendant qu'il commençoit à tourner
ces parolles en Anglois, & à exposer au Peuple
le sens de ceste Sentence intelligiblement : Il y eust
là deux Ministres protestantz qui s'aprocherent
de *Syr Thomas IenKinson* Cheualier, fils aisné du
Cherif, le prient instamment de ne permettre pas
que ce Prestre propose à ce Peuple la faulse & la
malicieuse doctrine de l'Eglise Romaine : Ce qu'il
fit, commandant au Martyr de se taire & de demā-
der pardon à Dieu. Le S. Martyr se mit donc à ra-
conter à l'Assistance pour quel crime on le faisoit
mourir, quelles formes on auoit gardées à la preuue
du crime, & à donner la Sentence de mort contre
luy. Ce qu'entendant *Syr Thomas IenKinson* parla
de rechef au Peuple, soustenant que toutes choses
auoyent esté iugées selon les regles prescriptes de
droit, que les formes qu'on garde ordinairement
es iugements y auoient esté entieremét obseruées,
& partant qu'il ne debuoit pas taxer d'iniustice, &
blasmer à tort le Iuge & les Iurez. Nostre Martyr
se met donc de rechef en prieres qu'il pronóçoit &
deuoroit auecvne incroyable ferueur d'esprit : Il in-
uoquoit fort souuét le nom de IESVS, repetoit souuent ces mots, *Deus propitius esto mihi peccatori*, Seigneur soyez propice à moy pauure pecheur. Il im-
ploroit aussi l'aide & assistance de la Bien-heureuse

Vierge & de tous les Sainɛts : Il fist par trois fois
vne particuliere priere pour le Roy, la Royne, leurs
Enfans & pour tout ce Royaume, à fin qu'il pleuſt à
DIEV illuminer leurs cœurs, pour ambraſſer & re-
cognoiſtre la vraye Foy Cath. Il prioit auſſi pour le
ſalut de l'ame d'vn certain homme *(celuy-cy eſtoit
Robert Simonis Accuſateur,* aſſurant qu'il le faiſoit
auec autant d'affection & de courage, que s'il euſt
eſté queſtion de ſon propre ſalut. Il proteſta par
l'eſperance de la vie Eternelle & par le ſalut de ſon
Ame, Que s'il auoit les vies de tous les hommes là
preſents, & qu'vn chacun d'eux en poſſedaſt mille,
il les offriroit toutes d'auſſi bon cœur pour ceſte
meſme cauſe de la Foy Catholique, qu'il en offroit
preſentement vne ſeule, pauurette & indigne d'vn
ſi grand benefice. Eſtant interrogé s'il eſtoit Ieſuite
ou Preſtre ſeculier, Il dit qu'il eſtoit Preſtre, qu'il
eſtoit bien vray qu'il auoit fait vœu, pourueu qu'il
le peut, d'entrer en l'Ordre de S. Benoiſt, duquel les
Religieux, dit-il, ont les premiers apporté la lumiere de la Foy en ce Royaume, & du nom duquel l'v-
ne des portes de voſtre Ville demeure encor aujour-
d'huy ſignalée & honorée. Ie vous prie qu'en ce
lieu là, lors que ceſte teſte ſera hors de deſſus mes
épaules qu'elle y ſoit miſe. Ce qui fuſt fait depuis
côme il l'auoit deſiré. Alors, ayant demandé quelle
heure il eſtoit, & le *Cherif* luy ayant dit qu'il eſtoit
vnze heures, Voicy dôc, dit le ſainɛt Martyr, l'heure de diſner qui approche : O mon doux IESVS, re-
ceuez moy, ie vous prie, à voſtre banquet celeſte,
incontinent que vous m'aurez appellé de ceſte vie,
encores que ie ſois indigne d'vn ſi grand honneur.
Le *Cherif* & les Miniſtres luy demandent, ſçauoir

mon s'il croyoit que les bônes œuures fussent meritoires, & s'il esperoit d'estre sauué par icelles. Il
répondit, qu'elles estoient vrayement meritoires,
& des moyens tres-vtilles, pour acquerir le salut
eternel, apres la Passió & Mort de Iesvs Christ,
sans laquelle il n'y auroit aucû salut pour personne.
Et que pour luy, parce qu'il se recognoissoit ioge-
nuëment, non seulement seruiteur inutille, mais
encore méchant & de néat, il s'efforçoit de tout son
pouuoir d'auoir recours à la Mort & au Sang de Ie-
svs- Christ, qu'il y fondoit toutes ses esperances,
& alloit cachant ses pechez dans ses Playes sacrées.

Aupres de la Potéce il y mist le S. Martyr, derrière
toutefois vn grand feu allumé, auquel ses entrailles
deuoient estre consommées. Et non guéres soing
de là estoit aussi vn tróc d'arbre, sur lequel só corps
deuoit estre mis en quartiers. Le S. homme se roidit
le courage, & esleuant les mains sur sa poitrine, jetta
les yeux de ce costé là, où il demeura quelque téps
en contemplation, regatdant fixement & conside-
rant ces choses-là, qu'il sembloit quasi se repaistre
l'esprit de ces objets, qui eussent esté suffisans de
faire destourner la veuë aux autres. Pendant que le
Bourreau luy mettoit la corde au col, le S. Martyr
le regardant, Ie te prie, luy dit-il, quand tu seras
sur le poinct de me pousser hors de l'eschelle fais
moy quelque signe, à fin que ie puisse rendre le dernier soûspir de ma vie en prononçant le Nom de
Iesvs, pour qui tres-volontiers ie meurs. Mais toy
mesmes plustost, dit le Bourreau, leue tant soit péu
le pied pour m'aduertir quand tu seras saoul de
viure: A Dieu ne plaise, que ie m'aduance iamais
la mort par mouuement aucun, ny de pied, ny d'vn

seul de mes cheueux, Toy-mesme execute ta charge quand il en sera temps, seulement ie te prie de
me donner quelque aduertissemét, à fin que ie puisse mourir ayant en la bouche le tres-doux Nom
de IESVS. Et alors se munissant du signe de la
Croix, & esleuant les mains sur la poitrine, il conjura
ra tous les Catholiques là presents, de prier DIEV
pour luy. Et cependant il recita tout au long ceste
deuote Oraison, *Bone IESV Verbum Patris splendor
æternæ gloriæ &c.* Bon IESVS, Verbe du Pere,
Splendeur de l'Eternelle gloire. A la fin de laquelle il adjousta, *In manus tuas, &c.*

Puis apres se prist à dire & repeter sans cesse, IE-
SV, IESV, IESV, jusques à ce que le Bourreau luy
cria, C'est à ce coup, *Monsieur Tunstal.* C'est à ce
coup. Et en mesme temps le pousse en bas, ayant les
mains dressées sur la poitrine: Le **S**. Pere se trouua
en cest instant de la mort prononcer ces paroles,
IESV *miserere mei,* IESVS ayez pitié de moy.

Ainsi ce glorieux & tres-constant Martyr de IE-
SVS CHRIST finist heureusemét sa vie: Car depuis
le premier commencement de son combat, jusques
au dernier souspir de sa vie, tant s'en faut que son
Ame fut saisie d'aucune frayeur, que mesme son visage n'en fust point aperceu plus pâle, ny son corps
plus changé ; ains demeura tousiours en mesme
estat, sans aucun tremblemét de mains ny de pieds,
& sans donner aucun signe de crainte, gardant tousiours en tout la mesme constance & mesme gayeté de visage qu'il souloit auoir auparauant, pendant ce tres-difficile passage & agonie de la mort.
Ce qui estonna, à la verité, tous ceux qui s'y trouuerent presents, qui pouuoient estre au moins bien

deux mil hommes, Cheualiers, Gentils-hommes
& Seigneurs de qualité. Au reste, tous regretterent
sa mort:plusieurs aussi la pleurerent, & ne se trouua
aucun homme ny femme ou enfant, de quelque
côdition ou Religiõ qu'il fust, qui luy dit vne seule
parole fâcheuse ou injurieuse. Il demeura pendu
jusques à la mort. Et apres qu'on eust mis en peces
son corps, on alla mettre sa teste sur la porte de S.
Benoist, les autres membres furent mis aux autres
portes de la ville de *Norvvich*.

LE MARTYRE DV VE-
nerable Prestre Nicolas Atkinson.

E Personnage meritoit auec raison d'estre honoré, il estoit des-ja fort aagé, & auoit rendu de grands seruices en la guerre spirituelle de l'Eglise. Car de soixante & dix ans qu'il pouuoit auoir, il en auoit employé trente tous entiers estant Prestre à combattre en Angleterre soubs le drapeau de IESVS-CHRIST. Et certes ses trauaux n'auoient pas esté petitz en ceste milice: car ses exercices côtinuels estoient d'en rappeller & ramener plusieurs à la Foy Catholique, visiter souuent ceux qui estoient soubz sa direction & conduitte (lesquels estoient en grand nombre & demeuroient en diuers lieux escartez, les vns des autres pour les armer des Sacrements, auancer à la vertu, confirmer & roidir contre les embusches & violences des ennemis. Au reste il alloit tousiours à pied & passoit la pluspart des nuicts sans dormir, tant pour administrer les Sacreméts aux Catholiques que pour aller où il auoit affaire: car il estoit si cogneu des Heretiques mesmes pour l'habitude & frequentation qu'il auoit euë par plusieurs années es mesmes lieux auec eux qu'il ne s'ausoit mettre en chemin de iour. En fin il a pleu à Dieu d'honorer du glorieux triomphe du Martyre, les sueurs & trauaux de ce sien braue Sol-

dat, & recompenſer les continuelles larmes de ſes
prieres & ſa tres-ſainčte vie.

Donc en ceſte année 1616. le S. Paeſtre eſtant ve-
nũ veoir vn Gentil-homme Catholiq. en ſa maiſon:
Vn Heretique des voiſins du lieu l'apperceut, & ſe
deffiant bien que c'eſtoit vn Preſtre en auertit le
Magiſtrat & les Gardes du Roy. Auſſi toſt apres
auoir ramaſſé fortuitement & le plus proptement
qu'ilz peurent quelques gens, s'auancerent & ren-
contrerent le Preſtre qui retournoit de la maiſon
du Gentil-hôme. Ils ſe ſaiſirent donc de luy, & ar-
reſtent tous ceux de la maiſon, leur donnent à châ-
cun ſeparément des Gardes: Et ayás laiſſé là des Sol-
dats armez le menerent à *York*, où ilz font comparoir le S. Martyr deuant le Gouuerneur de la Pro-
uince & les Iuges du Royaume, qui pour lors
eſtoient tous aſſemblez en ceſte ville là: Les Iuges
l'interrogent s'il eſt Preſtre, luy n'auſoit l'auoüer ny
le nier, craignant que s'il venoit à confeſſer la verité
il ne mit le Gentil-homme & ſa famille en danger
de perdre la vie & les biens (car receuoir quelque
Preſtre en ſa maiſon, & luy fournir les neceſſitez de
la vie, c'eſt crime de leze-Majeſté en ce Pays) Que
ſi auſſi il vſoit de quelque equiuoque, il craignoit
que les Heretiques ne prinſſent ſubiet de calom-
nier & dire qu'il auroit mis en auant quelque eſpece
de menſonge. Il auoit ſur luy lors qu'il fuſt pris vn
Chapelet ou Roſaire de la Vierge & quelque grains
benis, auec la coppie des Indulgences que ſa Sain-
čteté y auoit concedées. Ils prirent donc ceſte co-
pie & la leurent deuant tout le Peuple, reprenans
l'vſage des Indulgences, s'en mocquans & diſans
à l'encontre quelques fadaiſes & niaiſeries. Bref
ſans

sans vser d'autres preuues apres auoir assemblé suy-
uant la coûtume, les douze Iurez, ils le declarerent
criminel de leze-Maiesté, & comme tel le condam-
nerent à mort.

L'vnziesme de Mars selon le stile ancien, c'est à
vous autres le 21. du mesme mois, il fust mis sur vne
Claye attachée à la queuë des Cheuaux, & est trainé au Gibbet on luy presente la formule du sermét,
& luy promet'on la vie s'il veut iurer suiuant qu'elle
est escrite & aux termes qu'elle est couchée. Il refusa
de ce faire, sçachant bien qu'elle estoit conceuë en
termes, qu'aucun Catholique ne pouuoit faire ce
serment sans vne perte assurée de sa Foy & de son
salut. Estant donc pendu on coupa incontinent la
corde, & estant tombé à terre encore demy vif, on
l'ouurit & luy arrachat'on par vne façon horrible
les entrailles, & puis on trancha le corps en pieces
Il y eust de ieunes garsons qui voyans ceste inhuma-
nité & cruauté barbare, en curét telle horreur qu'ils
se ruerent sur le Bourreau, & l'eussent assommé à
coups de pierres, si les gens armez qu'on auoit fait
venir exprez, n'eussent empesché le coup. L'esmeu-
te estant appaisée ils l'assaillirent encore par vne seconde fois, de sorte qu'on eust de la peine à sauuer
ce bourreau de leurs mains. Vne autre chose qui
est remarquable, c'est qu'encor que cesteville *d'YorK*
soit sans conteste, la premiere & plus celebre de
toute l'Angleterre apres Londres, & la plus remplie
d'heretiques Puritains, neanmoins il ne fust pas lors
au pouuoir du *Cherif* ny de tous ses sattellites de
trouuer à emprunter vne Chaudiere, de qui que ce
fust, pour y faire boüillir la chair de nostre bon Prestre, laquelle ils vouloient exposer aux lieux publics

de la ville, Tant font mal vouluz & haïz de DIEV & des hommes les heretiques enragez & alterez du sang des Catholiques, pensans faire vn seruice agreable à DIEV lors qu'ils font vne boucherie sanglante des Prestres de IESVS-CHRIST.

Au reste, le S. Martyr supporta les tourméts auec vne patience & constance admirable : Aussi bien souuēnt donnoit-il des signes tres-manifestes de joye, consolation & volupté interieure: Et auec raison, puis qu'il voyoit arriué ce qu'il auoit souhaitté si long temps, & ce qu'il auoit demandé à DIEV auec tant de prieres (ce que nostre Seigneur luy auoit reuelé demy an auparauant, par vne vision particuliere) comme luy-mesme l'auoit dit à quelques vns de ses plus particuliers amis, vn peu de temps auant qu'il arriuast.

On a aussi remarqué vne chose singulier en ce Bien-heureux Martyr: C'est qu'vne fois comme il estoit en prieres, les chaisnes de fer desquelles il estoit lié luy tomberét des pieds: Cette chose dis-je est singuliere en luy, mais neantmoins autant bien approuée & cogneuë par le tesmoignage tres-certain de plusieurs personnes, comme elle est particuliere & admirable.

Vn certain jeune homme tres-desireux d'auoir quelques reliques de ce sainct Martyr, achepta du Bourreau, auquel appartiennent les dépoüilles de ceux qui font executez, les chausses du Martyr. Vn certain heretique ayant descouuert l'affaire, alla accuser l'achepteur au Magistrat. En mesme temps on luy met la main sur le collet, on le presse, on l'interroge quelle est sa Foy & Religion. Il respond, comme il deuoit, qu'il estoit Catholique. A l'heure meſme il fut mis en priſon pour ce ſujet.

Les Iuges eurent le vent que le Peuple trouuoit fort mauuaiſe ceſte façon de proceder en leurs Iugements, par laquelle ilz cõdamnoient les hommes à la mort ſi legerement, ſans teſmoignage ny preuue ſuffiſante. Que firent-ils? Apres la mort du Martyr, ils ſubornerent vn ie ne ſçay qui, vn pauure miſerable de la plus baſſe & ſordide condition de la Populace, qui témoigna publiquement que noſtre S. Martyr eſtoit en effet Preſtre, & qu'il l'auoit ſouuent fois veu à l'Autel diſant la Meſſe.

En la meſme priſon de laquelle fuſt tiré le S. Martir, pour eſtre mené au Gibbet, il y a encore à preſent quatre vingts Catholiques, retenuz priſonniers pour la Foy, leſquels ſont tous condamnez à vne peine tres-rigoureuſe, que nous appellons en ce Païs *Præmunire*, qui conſiſte en priſon perpetuelle & confiſcation de tous biens.

LE MARTYRE DV VENE-

RABLE PRESTRE IEHAN

Thulis, & de N. Voren, laïque,
qui fust mis à mort auec luy.

EV de temps apres le Martyre du bon Prestre N. *Atkinson*, l'on fit mourir à *Lanclasthe Iehan Thulis* Prestre, & vn certain homme laïque, tisserand de son mestier, Pieux, à la verité, & qui professoit la Foy Catholique courageusement, Vn peu deuant les Sessions, (temps auquel les Iuges s'assemblent,) sur les cinq heures du soir, ils s'estoient eschapez de le prison, & ayants tousiours cheminé à pied depuis ce temps là iusques au lendemain à Soleil leué, & pensants estre desia à trente mil loing ou enuiron, qui disent quelque quinze lieuës de France, apres qu'ils eurent regardé à l'entour d'eux, ils trouuerent qu'ils n'auoient pas fait plus d'vn mil ou deux, c'est à dire vne demie lieuë ou vne lieue au plus. Il sembloit quasi que DIEV les eust r'appellez, ainsi qu'autres fois il fist Sainct Pierre s'enfuyant de Rome, à des combats plus grands, Et qu'il eust permis qu'ils se fussent fouruoyez, ainsi qu'il arriua à S Ambroise fuyant & euitant la dignité Episcopale, pour les esleuer à vne dignité tres-grâde & releuce. Les gens du lieu où ils estoient arriuez, les voyans & recon noissans pour s'enfuïr, les arrestent, & les fourrent derechef en prison. Donc aux prochaines Sessions l'vn & l'autre furent menez de la prison deuant les Iuges & condamnez à mort, le Prestre comme attaint & conuaincu de crime de leze Majesté, & le Laïque du Crime qu'ils appellent Felonnie, qui est autant que s'il eust forcé & vollé les coffres du Roy. Neantmoins le Iuge leur offroit à tous deux la vie, pourueu qu'ils vouluflent prefter le ferment de la pretendue fidelité. Il y eust mesme vn Gentil-homme Mylord de cefte Comté nómé *Ashton*, qui promettoit au Prestre vingt liures *Sterlins* par chacun an, à condition qu'il feroit ledit ferment : mais ny l'vn ny l'autre ne voulurét jamais entendre à s'obliger à ce serment de fidelité, qui contenoit des propositions contraires à la Foy Catholique. Et partát ils furent executez entre les voleurs & homicides.

Il arriua que le Laïque estant jetté du haut de l'eschelle, rompit la corde par la pesanteur de son corps, & ainsi tomba demy-mort en terre, où aussi tost qu'il eust repris ses esprits, & que le iugement luy fust reuenu, se mit à faire sa priere à genoüils, les yeux & les mains esleuées au Ciel. Les Ministres Protestants ne manquerét pas lors d'accourir à luy, de loüer & exalter la Misericorde de DIEV qui auroit rompu la Corde, & de luy chanter aux oreillés la Clemence du Roy, qui luy donnoit la vie & la grace, sans qu'il la demandat, pourueu qu'il vouluft prester se serment de fidelité. Et partant l'exhortoient qu'il eust à recognoistre les benefices de l'vn & de l'autre. Et plusieurs autres choses semblables qu'ils luy disoient : Mais sans auoir esgard à tout cela, Cest homme plein de Pieté enuers DIEV, de zelle & de Constance en la Foy Catholique, se le-

uant sur les pieds : Non non, dit-il, Messieurs, ie suis
le mesme à present que j'estois tantost, Ie dis encore le mesme que ie disois auparauant. En cela ie n'ay
point offensé, ie ne m'en repents point. En mesme
temps, en disant cela, il remonta pour vne seconde
fois promptement à l'eschelle. Dequoy le Iuge
estonné : Quelle haste, disoit-il, a cest homme cy?
& où va t'il si viste? Pourquoy courrez-vous en
haste à la mort. Certes, Monsieur, respondit l'autre,
Si vous auiez veu de vos yeux les choses que ie viés
tout presentemét de voir, vous vous hasteriez d'aller à la mort, d'aussi bon cœur & aussi hastiuement
côme ie fais. Lors le Bourreau luy noüant vne Corde au col, plus forte que la premiere, le jetra derechef du haut de l'eschelle. Ainsi le Bien-heureux
hôme (mourât pour la querelle de Iesvs Christ)
finit ceste vie temporelle en Terre, pour regner
eternellement au Ciel auec Iesvs-Christ.

ADDITION.

LE premier Seminaire des Anglois fuſt fondé & inſtitué à Doüay en Flãdres, en l'annee 1568. par Guillaume Alane Anglois, Docteur en Theologie, & Profeſſeur du Roy, lequel fuſt depuis Cardinal de l'Egliſe Romaine. De ce Seminaire ſont ſortis, non ſeulement les autres Seminaires des Anglois qui ont eſté depuis fondez , & à Rome & en Eſpagne : Mais quaſi tout ce qu'il y a auiourd'huy de Religion Catholique parmy la nation Angloiſe en eſt venu. Or à cauſe des troubles qui arriuerent en Flandres en l'annee 1578. ce Seminaire fuſt tranſporté à Rheims en France, où il y fuſt quinze ans entiers , & pendant cela ſi floriſſant qu'il y auoit touſiours en meſme temps deux cens eſcholiers & treize Regents fort doctes, nourriz aux depents du College , leſquels faiſoient tous les iours treize leçons ſur differentes matieres. Et y a eu telle annee qu'il en eſt ſorty trente Preſtres pour aller trauailler à la moiſſon d'Angleterre. Et pendãt qu'il a eſté là, vne grande partie des Martyrs cy apres nommez ſ'y eſt formee & dreſſee: Mais en finon le reſtablit, & fit-on retourner en Flandres, à cauſe des guerres ciuiles qui ſuruindrent en France. Or outre les Martyrs cy deſſoubs deſnommez (dont la pluſpart ont eſté eſleuez en ce ſeul Seminaire , au moins y ont ils eſté tous inſtruits quelque peu de temps) il en eſt ſorty vn tres-grand nombre d'autres & Preſtres & Eſcholliers, dont les vns ſe ſont rangez à la vie Religieuſe, les autres ſont morts, qui dans les Priſons, qui en Exil, qui de miſeres & pauuretez qu'il leur a

fallu endurer : Les autres qui restent pour le iour-
d'huy en Angleterre, ou sont en prison pour la con-
fession de la Foy: ou s'ils sont en liberté, ils exposent
& hazardent continuellement leur vie auec mille
frayeurs & dágers pires que la mort mesme : ou s'ils
sont en exil, ils tâchent par leurs saincts Sacrifices,
Oraisons, Escripts & autres œuures Pieuses d'auancer & ayder à la conuersion de leur pauure Patrie,
pour la reünir à la Foy Catholique. Ie vous prie,
Lecteur Chrestien, de contribuer à vn si bon dessein, & l'aider par vos sainctes & charitables prieres.

D'autant qu'au commencement de ceste lettre a
esté fait mention cy dessus du nombre des Martyrs
de Nostre Coliege de Doüay, il a semblé estre à propos d'adiouster icy vn Catalogue de leurs Noms,
auec le lieu, l'annee, & (autant que faire s'est peu) le
iour ausquels ils ont souffert, à fin de faire voir clai-
rement par ce moyen combien faussement nos Ennemis veullent faire croire aux Estrangers, qu'on ne
fait aucune persecution en Angleterre contre les
Prestres & autres Catholiques , pour le fait de la
Religion : & à fin aussi de faire recognoistre (pour
la plus grande gloire de DIEV) combien sa Diuine
Bonté a esté grande & admirable à establir ce College de Doüay , à l'affermir & accompagner continuellement du bon-heur d'vn si grand nombre
de Martyrs.

CATALOGVE DES MAR-
TYRS DV COLLEGE DES
Anglois à Doüay, en l'anne 1577.

1   CVtbert Maine Prestre premier martyr de tous les Seminaires, Launston le 29. de Nouembre.

1578.

2   Iehan Nesson Prestre. à Londres le 3. Feurier.

3   Thomas Sherrvuood Escolier. à Londres le 7. de Feurier 1578.

1581.

4   Euerard Hansee P. à Londres le dernier Iuillet.

5   Raoul Sherroin P.

6   Alexandre Bryant P. voüé à la cõpagnie de Iesus, vn peu deuant son martyr.

7   Eamond Campian P. de la cõpagnie de I E S V S.

à Londres le 1 Decembre.

1582.

8   Iehan Pain P. à Chemsford le 2. d'Auril.

9   Thomas Ford Prestre.

10 Iehan Shirt P. fait à Rome.

11 Robert Iohnson P.

à Londres le 28. May.

12 Guillaume Filbie P.

13 Luc Recbee P.

14 Laurent Ionson P.

15 Thomas Cottam voüé à la cõpagnie de Iesus.

à Londres le 30 May.

16 Guillaume Lacie p. fait à Rome, à Yorke le 27. d'Aoust.

H

17 Richard Rickman p. au mefme iour.
18 Iacques Thomfon p. Yorke le 28. Nouembre.

1583.

19 Guillaume Hart p. fait à Rome, à Yorke le 25. Mars.
20 Richart Thlrkilb p. à Yorke le 29. May.
Iean Slade Efcholier, à Yuinchefter le 30. Oɕt.

1584.

21 George Haddoc p.
22 Iehan Munden p.
23 Iacques Fenne p.
24 Thomas Emerford p. faiɕt à Rome.
25 Iehan Nutter p.

Londres le 12. de Feurier.

1585.

26 Thomas Alfield p. Loudres le 6. de Iuillet.
27 Hugo Tailer p. Yorke le 26. de Nouembre.

1586.

28 Edoard Stranfam p.
29 Nicolas Vüoofen p.
Londres le 21 de Ianuier.
30 Richart Sergeant p.
31 Guillaume Thomfon p.
32 Robert Anderton p.
33 Guillaume Marfden p.
Londres le 10. d'Auril. En l'Ifle de Vuight.
34 François Incleby p. Vorke le 3. de Iuin.
35 Iehan Sandes p. Glocefter le 11. d'Auoft.
36 Iehan Adam p.
37 Iean Lotre p. fait à Rome.
38 Iehan Fingley p. Yorke le 8. d'Aouft.
39 Robert Debdale p. à Londres.

Anno 1587.

39 Thomas Pilchard p. a Dorceftre le 21. de Mars.
40 Robert Sutton p. à Stafford.

41 Eadmund Sikes p. à Yorke le 23. de Mars.
42 Iehan Hambleau p. Yorke le 9. Septembre.
43 Alexandre Croro p. Yorke le 30. Nouembre.
44 Estienne Rousham p. à Glocester.

1588.

45 Guillaume Deane p.
46 Guillaume Gontre p.
47 Robert Morton p.
48 Thomas Holford p.
49 Hugo Morus Escholier. | Lódres en diuers endroicts le 28. Aoust.

50 Iacques Claxton p.
51 Thomas Felton Escholier.
52 Robert Vvilcox p. | Pres du village de Houslaro le 28. Aoust.

53 Edoard Campian p.
54 Christofle Buxton p. | Canterburie le 1. Octobre.

55 Guillaume Vvay p. Kingston le 1. Octobre.

56 Raoult Croket p.
57 Edoard Iames p. fait à Rome. | Chichester le 1. Octobre.

58 Iean Robinson p. Ipsurich le 1. Octobre.
59 Iehan Heroet p. Yorke le 5. Octobre.
60 Edouard Burden p. Yorke le 29 Nouembre.

61 Guillaume Hartley p.
62 Iehan Vveldon p. | Londres le 5. Octobre.

63 Richart Simpson p.
64 Robert Ludlam p. } Darbie.
65 Nicolas Garlike p. | Iacques Clayton p. Darbie l'an........

1589.

66 Iean Amias p.
67 Robert Dalbey p. | Yorke le 16. de Mars.

68 George Nicols p.
69 Richart Yaxley p. | Oxford le 5. de Iuillet.

70 Guillaume Spenser p. Yorke le 24. Septembre.

1590.

71 Chriftofle Bales p. Londres le 4. de Mars.
72 Nilo Gerard preftre.   } Rochefter le
73 François Dickinfon p.   } 30. Auril.
74 Edoard Iones p.   } Londres le 6.
75 Anthoine Meddleton p.   } de May.
76 Eadmund Duke p. fait à Rome)
77 Richart Hill p.   } Durham le 6.
78 Iehan Hog p.   } de May.
79 Richard Holiday p.   )

1591

80 Robert Thorpe p. Yorke le 31. de May.
81 Montfort Scot p.   } Londres le 2.
82 George Bifeley preftre.   } de Iuillet.
83 Roger Dickinfon p. à Vvinchefter le 7. Iuillet.
84 Eadmund Genninqs p.   )
85 Euftace Vvhite p.   } Londres le 10
86 Polydore Plafden preftre faicts } Decembre.
    à Rome.   )

1592.

87 Guillaume Pattifon p. fait à Rome, Londres le
    22.° Ianuier.
88 Thomas Pormort p. fait à Rome, à Londres le
    20. de Feburier.

1593.

89 Anthoine Page p. York le 20. d'Auril.
90 Iofeph Lampton p. à Neufchafteau le 27.
    de Iuillet.
91 Edoard Vvaterfon p. à Neufchafteau.
92 Guillaume Dauies p. à Beaumarris le 27. de
    Iuillet.

1594.

93 Guillaume Harrington p. à Londres le 18. de

Feurier.

94 Iehan Cornelius p. fait à Rome, & vn peu deuant son Martyre de la societé de Iesus , à
Dorcester le 4. de Iuillet.

94 Iean Ingram p. fait à Rome, à Neufchasteau le
25. de Iuillet.

96 Iean Bost p. à Durham le 19. de Iuillet.

97 Edoard Osbaldeston p. à YorKe le 16. de
Nouembre.

1595.

98 Alexandre Rollings p. à Yorke le 7. d'Auril.

99 Guillaume Freeman p. VvarviKe. le
d'Aoust.

1597.

100 Guillaume Andlebey p. YorKe le 4. de Iuillet.

1598.

101 Pierre Storves p. Yorke le 15. de Iuin.

102 Christofle Robinson p. à Carlisle.

103 Richard Horner p. à YorKe le 4. de Septem.

1599.

104 Matthias Harrison p. à Yorke.

1600.

105. Christofle Rvharton p. à Yorke le 28. de
Mars.

106 Thomas Sprot p. à Lincolne le   de Iuillet.

107 Robert Nutter p.   } Lancaster le 26.
108 Eadmund Thrving p.   } de Iuillet.

109 Thomas Pallasser p. fait à Valle de Lide , à
Durham le   de Iuillet.

1601.

110 Iehan Pybush p. Londres le 11. de Feurier.

111 Roger Filcox p. fait à Valle de Lide, & envoüé
de la Societé de Iesus, Londres le 27. de Febr.

112. Marc Barkrvorth p. fait à Valle de Lide, de l'Ordre de S. Benoist, le mesme lieu & iour.

113 Robert Middleton p.

114 Thurstan Hunt p.

Lancaster le de Mars.

1602.

115 François Page p. peu deuant son martyre de la compagnie de Iesus, Londres le 24. Auril.

116 Thomas Tichburne p. fait à Rome, Londres le mesme iour.

117 Robert Vvakinson p. le mesme lieu & iour.

118 Iacques Harrison p. Yorke le 22. de Mars.

1603.

119 Guillaume Richardson p. fait à Ciuill , Londres le 27. de Feurier.

Sub Rege Iacobo l'an 1604.

120 Iehan Suger p. à Vvaruuke le d'Aoust.

1607.

121 Robert Drurie p. fait à Valle de Lide, Londres le 26. de Feurier.

1608.

122 Mattherv Flather p. Yorke le 21. de Mars.

123 George Geruase p. en voüe à l'Ordre de S. Benoist, Londres le 21. d'Auril.

1610.

124 Roger Cadrvallader p. fait à Valle de Lide, à Lempster le 27. d'Aoust.

125 George Napper p. à Oxford le 9. de Nouemb.

126 Thomas Sommers p. à Londres le 10. de Decembre.

1611.

127 Richard Nervport p. fait à Rome, Londres le 29. de May.

1912.

128 Iehan Almond p. fait à Rome, Londres le 6.
de Decembre.

1616.

129 Thomas Atkinſon p. Yorke le 11. de Mars.
130 Iehan Thulis p. fait à Rome, à Lancaſter
131 Thomas Maxfield p. Londres le 1. de Iuillet.
132 Thomas Tunſtall p. en voüe à l'Ordre de S.
Benoiſt, à Norrvich.

Outre ceux-cy, il y a encore quelques Preſtres
tant Reguliers que Seculiers : Il y auſſi pluſieurs
Laïques : meſmes trois femmes , Marguerite Cli-
therovv, Marguerite Vvard, Anne Line, qui toutes
ont genereuſement cōbattu juſques à la mort pour
la loy de leur Dieu, dont les noms ſont eſcripts au
liuré de Vie, & leur memoire ſera continuellement
benite des hommes.

Nous n'auons icy fait mention que de ceux , ſeulement qui ont quelquefois veſcu au College de
Doüay : Encore n'auons-nous peu, pour la difficul-
té des temps, recoūurer les noms de tous.

F I N.

www.ingramcontent.com/pod-product-compliance
Ingram Content Group UK Ltd.
Pitfield, Milton Keynes, MK11 3LW, UK
UKHW021457090726
13657UKWH00003B/1374